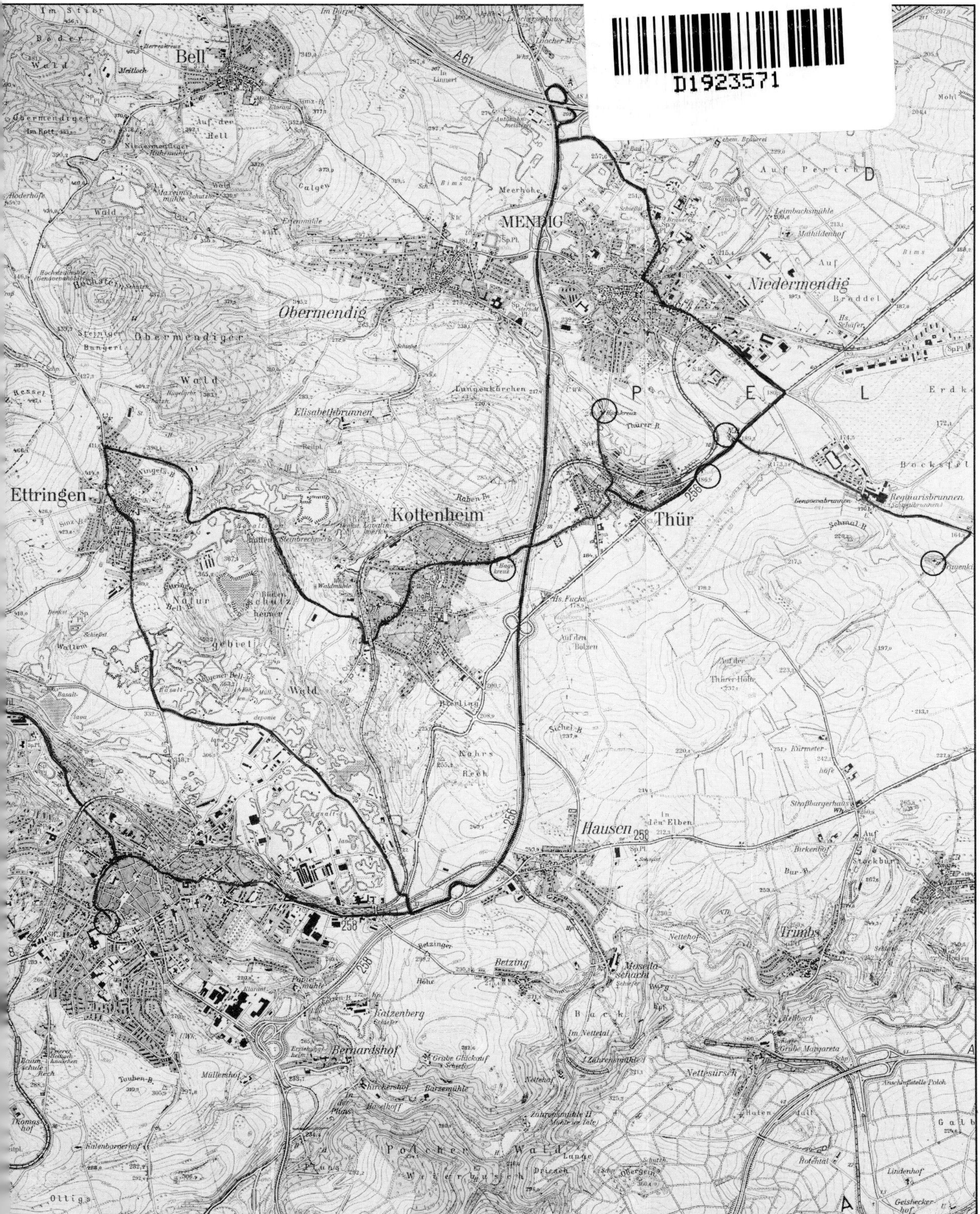

Karte zu »Kreuzfahrt« I und IV

Lehmann-Brauns · Basaltlava-Kreuze der Eifel

Elke Lehmann-Brauns

Himmel, Hölle, Pest und Wölfe:

Basaltlava-Kreuze der Eifel

Mit Fotos der Autorin

Verlag J. P. Bachem in Köln

Das Foto auf dem Einband zeigt
einen kreuzbekrönten »Schöpflöffel«
von 1599 bei Oberzissen,
im Hintergrund Burg Olbrück.

CIP-Titelaufnahme der Deutschen Bibliothek

Lehmann-Brauns, Elke:
Himmel, Hölle, Pest und Wölfe: Basaltlava-Kreuze
der Eifel / Elke Lehmann-Brauns. – 2., überarb.
Aufl. – Köln: Bachem, 1989
ISBN 3-7616-0977-9
NE: HST

1. Auflage 1986
2., überarbeitete Auflage 1989

Gestaltung und Einbandentwurf:
Helmut Hartrumpf, Köln
Satz und Druck: J. P. Bachem, Köln
Reproduktionen: Willy Kühl, Köln
Einband: Hunke & Schröder, Iserlohn
Printed in Germany
ISBN 3-7616-0977-9

Danksagungen

Bei meiner Arbeit zu diesem Buch war mir Wegweiser und wichtigste Quelle die 1980 erschienene Untersuchung »Mittelrheinische Steinkreuze aus Basaltlava« von Kurt Müller-Veltin (Jahrbuch des Rheinischen Vereins für Denkmalpflege und Landschaftsschutz). Den hier vorgelegten Interpretationen konnte ich weitgehend folgen, und ich verwendete aus diesem Buch manche Fakten, Erkenntnisse, Beispiele und Quellentexte. Dem Autor danke ich auch für persönliche Beratung zu Fachfragen.

Ferner verdanke ich Kurt Müller-Veltin sowie Professor Matthias Zender den Hinweis auf Georg Jakob Meyer (1895 – 1974), der in mühevoller Suche mit Hilfe der Lehrerschaft die Basaltlava-Kreuze der Eifel erforschte und erstmalig Inventarbände verfaßte. Seinem Lebenswerk, das mir Anregung und Unterstützung gab, gilt mein besonderer Dank.

Meyers Veröffentlichung »Wegekreuze und Bildstöcke in der Eifel, im Hunsrück und an der Mosel«, die Klaus Freckmann 1983 vollendete, verdanke ich den Hinweis auf manche Inschrift und Interpretation. Unentbehrlich waren für meine Arbeit die darüber hinaus in der Literaturliste angegebenen Titel. Für vielfältige Anregungen, sachkundige Beratung und Unterstützung, die zum Entstehen meines Buches entscheidend beitrugen, habe ich zu danken: Professor Ernst Dassmann und Professor Eduard Hegel (beide Katholisch-Theologische Fakultät der Universität Bonn), Pfarrer Michael Hoellen, Niedermendig, Professor Anton Legner (Schnütgen-Museum, Köln), Staatsminister Dr. Alois Mertes, gestorben am 16. Juni 1985 in Bonn, dem Geologen Professor Wilhelm Meyer (Universität Bonn) und allen voran dem Volkskundler Professor Matthias Zender in Bonn. Schließlich danke ich den vielen Bewohnern der Eifel, die durch ihre Hilfsbereitschaft und Offenheit mein Buch mitgestaltet haben.

Köln, 29. März 1989

Elke Lehmann-Brauns

Inhalt

Einführung

Welchem Eifelbesucher können die vielen Flur- und Wegekreuze aus Basaltlava entgehen? Sie begleiten nun schon seit mehr als 500 Jahren das Leben der Einheimischen. Immer noch führt in der Enge des Dorfes der tägliche Weg an ihnen vorbei – welche *Bräuche* verband man mit ihnen? Und heute? *Sagen und Geschichten* sind lebendig.
In schmalen baumlosen Straßen schmiegen sich Kreuze an eine Häuserwand, als scharf umrissene Silhoutte vor heller Fassade, oder unauffällig, wenn die Mauer vom selben schwarzen Lavagestein ist. Wer von auswärts kommt, muß dann den Blick schärfen, sie zu finden. Auch Vorgärten, Straßenecken, Kreuzungen und bevorzugt die Dorfausgänge sind ihre Standorte. Hier sollten sie von außen drohende Gefahren abwehren, das Dorf mit Schutz umgeben, so der alte Volksglauben. Dann durchsetzen Kreuze die umgebende Flur, Ackerland des Bauern. Wie Haltepunkte der Landschaft überragen sie das Kornfeld, schwarze Ausrufungszeichen, noch weithin, bis zum Horizont sichtbar. Hier markieren sie oft alte Wallfahrts- und Prozessionswege und fanden Beachtung der vorüberziehenden Gläubigen. Aus der Nähe besehen, erscheint ihre Schwärze gebrochen: grellgelbe Flechten leuchten auf der rauhen Oberfläche, zeichnen Schriftzüge nach, »BEDENCK O MENSCH, WAS ICH FÜR DICH GELITEN HAB«. Die Passion ist Hauptthema der Mahninschriften. Ausdruck von Passionsfrömmigkeit sind auch die Kruzifixe, die seit dem Aufkommen bildlicher Darstellungen mit Anfängen um die Mitte des 16. Jahrhunderts zur beliebtesten Form der Kreuzstiftungen wurden. Oft umschweben Engel Hand- und Fußwundmale und fangen Christi Blut in Kelchen auf, ein Motiv noch aus der Mystik. Das *Vorbild* der Christusgestalten am Kreuz war spätgotisch. Herb ist ihre Schönheit, groß ihre Ausdruckskraft. Die anonymen Handwerksmeister wußten mit dem groben, harten, schwarzen Material umzugehen. Basaltlavakreuze machen die Eifel zu einer herausragenden Kreuzlandschaft. Denn nirgendwo sonst stehen Flur- und Wegekreuze noch so dicht. In ihrem Gebiet, das sich, grob umrissen, zwischen Ahr, Rhein und Mosel ausbreitet und in südwestlicher Richtung etwa von der Strecke Daun bis Lutzerath begrenzt wird, liegen die Schätzungen bei 4500, Friedhofskreuze nicht mitgezählt. Der umfangreiche und alte Bestand erklärt sich vor allem aus dem unverwüstlichen Material. Hartnäckig widerstand die Basaltlava jeder Verwitterung und jüngsten Angriffen von Luftverschmutzung, die anderswo unaufhaltsam zu Zerstörung und Schrumpfung von Flur- und Wegekreuzen führten; die Wunden reißt heute Diebstahl. Die Lava dieser speziellen Qualität steht in mächtigen, von Löß und Tuffen überlagerten Strömen an, im Gelände zwischen Mayen, Kottenheim und Ettringen und bei Mendig. In Europa kommt sie sonst nur noch in Südfrankreich vor. Bereits in der Jungsteinzeit entstand hier in der Eifel eine Industrie von Reib- und Mühlsteinen mit ausgedehntem internationalen Handel. Seitdem und bis heute wird in diesen als »Mühlsteinbrüche von Mayen und Mendig« in die Geschichte eingegangenen Gruben Lava abgebaut. Und immer noch gibt es die »Spitz«, einen Doppelspitzhammer aus vorgeschichtlicher Zeit. Im Mayener Bruchgelände kann man auf Spuren der Steinhauer von fünf Jahrtausenden stoßen.
In diesen berühmten *Mühlsteinbrüchen* von Mayen und Mendig wurden aus abfallenden Brocken als Nebenarbeit die mittelalterlichen ältesten Kreuze geschlagen, ehe sich dann im 17. Jahrhundert Werkstätten bildeten. Auch die im Ort niedergelassenen Kreuzemächer behielten noch eine Weile die Praxis bei, Mühlsteine als Podest und Verankerung der Kreuze zu verwenden. So setzten Kreuze der Mühlsteinindustrie ein Denkmal. Aus den Mühlsteinbrüchen stammen auch noch die *Schöpflöffel,* religiöse

Kruzifix mit Kelchengeln und den Assistenzfiguren Maria und Johannes in Kruft

Wegemäler, die in dieser Form einzig in der Eifel vorkommen und darum besonders interessant sind. Wie ihr Name sagt ähneln sie einer Schöpfkelle, denkt man sie sich senkrecht gestellt. Auf hohem dicken Schaft sitzt ein ausladender Kopf, der von einer Nische tief ausgehöhlt ist. Im 17. Jahrhundert wandelte sich der Schöpflöffel zum Bildstock. In ihrer schmucklosen Urform mit leerer Nische, in der bei Prozessionen das Allerheiligste abgestellt werden konnte, zeugen die mannshohen Mäler noch vom Aufkommen dieses Kultes im ausgehenden Mittelalter. Sie wurden wie das Kreuz verehrt und stehen nur im Maifeld, konzentriert an den Prozessionswegen, die strahlenförmig über Land zu einem herrlich gelegenen, uralten, immer noch lebendigen religiösen Zentrum führen, der Marienwallfahrtskirche *»Fraukirch«*. Da die Volksheilige Genovefa von Brabant nach der Legende in der Fraukirch begraben liegt, bekam Maria zeitweilig kräftige Konkurrenz. Bis heute pilgern Gläubige auch zur Heiligen Genovefa, und beide, Maria und Genovefa, teilen sich das bäurisch-barocke Altarrelief. Aber Genovefas Legende beherrscht das Zentrum.

Kultwellen haben durch alle Epochen hindurch die Produktion der Kreuzemächer, die *Votivkreuze,* beeinflußt, mengenmäßig und formal. So folgte dem ersten Höhepunkt im ausgehenden Mittelalter ein durch die Reformation ausgelöstes Wellental, um dann im Barock nach Festigung und Stärkung der katholischen Kirche – Kreuzsetzungen waren dann vor allem Brauch der Katholiken – den absoluten Gipfel an Stiftungen zu erreichen. Das Ende des Dreißigjährigen Krieges 1648 hat zu dieser Blüte wohl nicht unbedingt beigetragen. Denn erst im 18. Jahrhundert, nach Beendigung des Spanischen und Österreichischen Erbfolgekrieges, erholte sich die gebeutelte Eifel allmählich wirtschaftlich. 200 Jahre lang, zwar

Steinbrecher und Grubenbesitzer in Niedermendig mit Mühlsteinen, als vor dem Ersten Weltkrieg der Kaiser zu Besuch kam

Alter Schöpflöffel am Bahner Hof

»Genovefa wird das Leben geschenkt«, französische Farblithografie des 19. Jahrhunderts, im Besitz des Eifeler Landschaftsmuseums

ohne namhafte Schlachten, hatte eine wüste Soldateska die Dörfer und Kleinstädte gebrandschatzt, geplündert und zerstört. Es scheint, als hätten Not der Kriege, Hunger und Seuchen wie die Pest, dazu der Hexenwahn die Menschen im Errichten eines Kreuzes Zuflucht suchen lassen. Das Aufstellen von Unglückskreuzen, den Totenkreuzen, folgte dagegen seit je dem unbeeinflußbaren, nicht vorhersehbaren Zeitplan. Kam der *Tod am Weg,* dann war und ist es Brauch, diese Stelle durch ein Kreuz zu bezeichnen.

Robigo, der Getreidedämon

Bedeutung und Verehrung des Kreuzeszeichens, entsprechend auch des Wegekreuzes und Schöpflöffels, ist im Volksglauben mit uralten Vorstellungen und Bräuchen, zum Teil noch aus vorchristlicher Zeit, verbunden und tief verwurzelt.
Vor langer Zeit, im dritten Jahrhundert, brach in einem südgallischen Dorf eine

Votivkreuz von 1662 auf dem Land bei Eich

Totenkreuz bei Klotten: . . . »ERSTOCHEN« . . .

heimtückische Seuche aus. Von den beiden Schafherden des Fleckens wurde, wie die Legende erzählt, die eine befallen, und alle Tiere verendeten. Die andere kam jedoch unbeschadet davon: jedem Schaf war ein Kreuzeszeichen eingebrannt. Das hatte sie, so der Volksglaube, vor der gefährlichen Krankheit bewahrt.
Auch als in Mitteleuropa seit dem frühen Mittelalter Bitt- und Bußprozessionen gehalten wurden, galt das Kreuz in der Hand des Priesters als wirksames Abwehrmittel gegen Dämonen. Denn sie, so glaubte man, waren Urheber allen unerklärlichen Übels und mußten das Kreuz, Zeichen des Sieges über Tod und Teufel, fliehen. Da man Unwetter, Hagelschlag, Gewitter, Krankheit und Seuchen noch nicht aus ihren naturgesetzlichen Zusammenhängen begriff, sondern als das Werk eben dieser Dämonen, aber auch als Strafe Gottes und Ausdruck seines Zornes über den sündhaften Menschen, sollte der Schöpfer mit Umgängen durch die Fluren und Felder im Frühjahr versöhnlich gestimmt und Unwetter abgewendet werden. Gleichzeitig erbat man Segen für Haus, Hof und Vieh.
Es ist kein Zufall, daß die Termine der bis heute erhaltenen Bitt- und Bußprozessionen auf den St.-Markus-Tag (25. April) und die drei Tage vor Himmelfahrt (Bittwoche) fallen. Sie sind das Datum von ursprünglich heidnischen Flurumgängen, die die Kirche bei ihrer Missionierung nicht verbot sondern christianisierte. So veranstalteten die Römer am 25. April die Robigalia, einen Kultgang, auf dem sie Schutz vor dem Dämon des Getreiderostes, Robigo, erflehten. Bereits vor Papst Gregor dem Großen (540–604) wurden die Robigalia in christliches Brauchtum als Bittprozession in kirchlicher Ordnung übernommen.
Ganz ähnlich verhielt es sich mit der Bittwoche. An diesen Tagen im Mai fanden die römischen Ambarvalia statt, feierliche Umgänge zur Entsühnung der Felder und Erflehung des Segens der Götter, wobei Opfertiere vor ihrer Schlachtung um die Äcker geführt wurden. Als in Südgallien Bischof Mamertus von Vienne im Jahr 470 anläßlich schwerer Plagen in seinem Sprengel alljährliche Prozessionen einführte, legte er sie auf die Tage der Ambarvalia. Oft wurden dabei zur Teilnahme am göttlichen Segen Haustiere mitgenommen, ein Brauch der noch auf den überholten römischen Opfertierritus hindeutet und sich vielerorts bis ins 19. Jahrhundert und länger hielt. Noch im 18. Jahrhundert wurde auf Synoden getadelt, daß man Haustiere zur Segnung sogar mit in die Kirche bringe. Seit dem Konzil von Orléans 511 verbreitete sich die Sitte dieser Bittprozessionen an den drei Tagen vor Christi Himmelfahrt von Südfrankreich aus in alle Teile des Fränkischen Reiches.
In Deutschland gab es in vorchristlicher Zeit eine Flurbegehung, Flurumgang, Flurgang oder Öschgang genannt, der als Grenzabschreitung der Gemarkung rechtliche Bedeutung mit kultischem Fruchtbarkeitszauber verband. Auch in diesen Flurumgängen glaubte die Kirche das Bedürfnis des Menschen zu erkennen, sich in Gebets- und Kultgemeinschaft Gottes Segen verdienen zu wollen, und verchristlichte sie. So ent-

standen die Bittgänge. An die Stelle von Götterbildern traten nun Heiligenreliquien und das Kreuz.
Zu Bittgängen und Bittprozessionen außerhalb der festliegenden Daten fand man sich in außergewöhnlichen Zeiten der Not durch Hunger, Krankheit, Krieg oder Überschwemmung zusammen, um rituell gegen dieses Unheil anzugehen unter Anrufung der Heiligen zur Fürbitte. So berichtete aus dem Jahr 1206 ein Augenzeuge von einer feierlichen Prozession mit den Reliquien der Schutzheiligen von Paris und Obermendig in der Eifel, der Heiligen Genovefa, über eine schwankende Seinebrücke, als Überschwemmung die Hauptstadt verwüstet hatte: »Und am selben Tage nahmen die Wasser ab; die Seine trat in ihr altes Bett zurück, und Gott ließ nicht mehr regnen über sein Land.« Auch aus Köln und Frankfurt sind Prozessionen gegen »groß gewessere und geflude« früh belegt. Dabei war man vom Schutz der Heiligen vor Dämonen ebenso überzeugt wie von der abwehrenden Kraft des Kreuzes, denn »durch seine Anschauung werte die Deufel verdriben«. Die antiken Dämonen und ihre Nachfolger im Christentum, die Teufel, existierten im Volksglauben noch lange nebeneinander und austauschbar, beide als Instanz für alles Unglück und Böse.
Schon früh waren die Bitt- und Bußprozessionen auf dem Land zu Wetterprozessionen geworden. Von ihnen schreibt Bischof Sicardus von Cremona um das Jahr 1200: »In dieser Zeit, da die Früchte noch in zarter Blüte stehen, und die Kriege ihren Anfang zu nehmen pflegen, fleht man zu Gott, daß er Hagel und Wetter abhalte und fruchtbare Ernte seinem Volk gebe.« Der Wettersegen bei der Prozession bestand in der Lesung der vier Evangelienanfänge in die Richtungen der vier Winde. In fast allen deutschen Gegenden gab es im 13. Jahrhundert sogar Feiertage, die allein dem Wetter galten, »hagelfire«, die Hagelfeiern. In der Eifel waren sie bis ins 19. Jahrhundert ein wichtiges Ereignis, Feiertage mit strengem Arbeitsverbot. Im Mittelpunkt dieser Festtage mit Gottesdienst, dem »Schaueramt«, stand eine Prozession, die mit dem Wettersegen endete. Hierbei müssen Flurkreuze, bei denen wahrscheinlich Station gemacht wurde, eine Rolle gespielt haben. In frühen Urkunden erwähnte und im Volksmund weiterlebende »Hagel-«, »Donner-«, »Schauer-« und »wetercruze« deuten darauf hin. In der Eifel steht heute noch das Hagelkreuz in Kottenheim aus dem Jahr 1582, und vielleicht ist die Hagelstraße in Thür ein Hinweis darauf, daß die Hagelprozession einst hier entlang ins Freie ging. Am Standort im Feld vermochten die Wetterkreuze, so glaubte man, Schäden von der Saat abzuhalten in dem Umkreis, soweit sie sichtbar waren. Die ihnen im Volksglauben zugeschriebene Abwehrkraft gegen Wetterdämonen wurde nämlich dinglich gedeutet und konnte dementsprechend auf einer freien Anhöhe weiteste Wirkung erreichen. Man weiß, daß in der Gegend von Arles schon im 6. Jahrhundert Holzkreuze zum Schutz gegen Unwetter im Ackerland aufgestellt wurden, im Gebiet der Hohen Acht noch heute. Größere Kreuze zu diesem Zweck weihte der Priester feierlich.

Die dunkle Stelle im Vollmond

Nachdem im ausgehenden Mittelalter die Fronleichnamsprozession eingeführt worden war, erhöhte sich die Feierlichkeit der Flurumgänge und damit die Bedeutung der Kreuze am Weg, die in den Dienst dieses Kultes gestellt werden konnten. Denn nun wurde der Heiland selbst, in Form der konsekrierten Hostie, des Allerheiligsten, mitgetragen. Das war vorher in der christlichen Welt keineswegs üblich gewesen. Eine Vision der Juliana von Lüttich hatte dazu im Jahr 1209 den Anstoß gegeben: mehrmals sah sie an der Scheibe des Vollmondes, der in der Deutung die Kirche versinnbildlichen sollte, eine dunkle Stelle. Diese, so die Auslegung, zeigte das Fehlen eines eigenen Festes zu Ehren der Eucharistie an. Es hatte sich zu der Zeit nämlich in der Glaubenslehre ein Wandel im Verständnis der Eucharistie von der sonntäglichen Speise am Tisch des Herrn zu seiner sichtbaren Gegenwart vollzogen. Die Folge war, daß die Gläubigen nun ehrfürchtig erschauerten und ihre Unbefangenheit vor der geweihten Hostie verloren. »Ich bin des Herrn nicht würdig, aber ich habe ihn geschaut.« Kirchenbesucher empfingen das Sakrament immer seltener, es wurde vom Priester nur noch hochgehalten.

Um dieser Entfremdung, die auch Juliana von Lüttich erkannt hatte, entgegenzusteuern, schrieben 1264 Papst Urban VI. und sein Nachfolger einen Tag vor, der einmal im Jahr die Verehrung des Leibes des Herrn in den Mittelpunkt stellte: das Fronleichnamsfest (vrôn, frôn = Herr, heilig, hehr; lichnam = lebender Leib). Sehr bald nach seiner Einführung kam als Erweiterung die Fronleichnamsprozession hinzu, bei der die geweihte Hostie mitgetragen wurde. In Deutschland ist sie zum erstenmal in St. Gereon in Köln 1277 bezeugt. Es brauchte noch Jahrzehnte, bis sie sich, von Bischofssitzen ausgehend, überall durchsetzte, auf dem Land, wie in der entlegenen Eifel, bis um die Mitte des 14. Jahrhunderts. Die nördliche Eifel gehörte zum Erzbistum Köln, der südliche und größte Teil des Gebietes der Basaltlavakreuze zählte zum Bistum Trier. Ihre Gestalt erhielt die Fronleichnamsprozession von den althergebrachten Flur- und Wetterprozessionen. So legte der Ritus das Halten bei vier Stationen und dann das Absingen der vier Evangelienanfänge in die vier Himmelsrichtungen fest und – das war das Neue – die Spendung des sakramentalen Segens. Das heißt, der Priester schlug mit der mitgetragenen, in einem Gefäß verborgenen geweihten Hostie das Zeichen des Kreuzes. Die vier Haltestationen waren in der Eifel meist Flurkreuze oder Schöpflöffel.

Mit der allmählich sich ausbreitenden Fronleichnamsprozession in Deutschland im 14. Jahrhundert verschwand die ängstliche Scheu vor dem Allerheiligsten, sie schlug nun um in leidenschaftliche Verehrung. Die Fronleichnamsprozession stellte darum alle anderen Prozessionen in den Schatten, erwartete man doch vom mitgetragenen Heiland die allergrößte Schutzwirkung. Seine Ausstrahlung war so groß, daß er schließlich auch bei den anderen Prozessionen und Flurumgängen mitgetragen wurde. So wuchs die Zahl der »Sakramentsprozessionen« mehr und mehr. Während die geweihte Hostie anfangs noch verhüllt, in einem kleinen Behälter, der Pyxis, mitgetragen wurde, wollten die Gläubigen sie jetzt auch noch sehen. Diesem sinnhaften Schaubedürfnis kam die Kirche entgegen. Sie schrieb zum Umtragen der Hostie ein Schaugefäß vor, die Monstranz (monstrare = zeigen), eine kunstvolle Silberschmiedearbeit, in deren Zentrum in einem Glaszylinder sichtbar die geweihte Hostie steckt. Es dauerte lange, bis alle Landpfarreien dieser Aufforderung nachkamen. In armen Eifeldörfern fehlten sie zum Teil noch im 16. Jahrhundert und später.

Flur- und Wegekreuze und die Schöpflöffel konnten also seit Beginn der Fronleichnamsprozessionen in offiziellen, religiösen Kult einbezogen werden, wenn bei ihnen Halt gemacht und das Allerheiligste dann abgestellt wurde. Daraus kann man auf ihre fromme Verehrung und tiefe Bedeutung bei den Gläubigen schließen. Und noch etwas kam hinzu. Im Volksglauben, der der geweihten Hostie eine alles übertreffende Schutzkraft zuschrieb, stellte man sich diese Kraft als übertragbar vor, durch Berührung, bei der Segensspendung. So muß in der damaligen Vorstellung das Kreuz am Weg, das während der Kultübung mit dem Allerheiligsten in Kontakt war, von dessen Kraft »aufgeladen« gewesen sein. Die Gefahr des Abgleitens in magisch-abergläubischen Mißbrauch lag da auf der Hand, und viele erlagen ihr. Von Kreuzen und Schöpflöffeln wurde zum Beispiel Steinpulver abgeschabt und Kranken in das Essen oder Tieren unter das Futter gemengt. Vermutlich sind die drei Rillen auf dem Schöpflöffel von 1590 bei Eich solche Kratzspuren.

Im 15. und 16. Jahrhundert breitete sich in ganz Deutschland eine Wunder- und Heilssucht aus. Die Kirche ging dagegen behutsam, doch recht erfolglos an, dabei im Sinn des Seelsorgers Augustinus, der schon im 5. Jahrhundert solche Erfahrungen gemacht und eine vorsichtige Strategie entworfen hatte: »Etwas anderes ist das, was wir lehren, und etwas anderes das, was wir nur

dulden. Es gibt Dinge, die wir fordern müssen, und gibt andere Dinge, die wir richtigzustellen haben, aber so lange dulden müssen, bis wir sie richtiggestellt haben.«
Erst in der Aufklärung wurden »Dinge« einigermaßen »richtiggestellt«, die neben der treibenden Kraft der Volksfrömmigkeit, dem starken Gottvertrauen, zu allen Zeiten sprossen. Die Feststellung eines Geistlichen für unsere Zeit: »Wir sind wieder mitten in der Aufklärung«, begründet schließlich auch, weshalb Sitten und Bräuche an Kreuzen in der Eifel bis auf Reste brachliegen. Doch die Tradition, ein Kreuz zu errichten, hat überlebt. Lebendig geblieben sind wohl hier und da auch alte Vorstellungen wie die vom Kreuzesfrevel, von Spuk und Geistern. Doch wer wagt es, »in der Aufklärung« darüber zu sprechen?

Rätsel, Frevel, Mord und Tod am Weg

Zahlen, Gebiet

Ungezählt sind die Basaltlavakreuze der Eifel. Schätzungen nennen insgesamt etwa 4500 an Wegen und Straßen in Ort, Feld, Flur und Wald, ohne den Bestand auf Friedhöfen. Sie gehören zu mehr als 160 Dörfern und Kleinstädten, in deren Mitte das Herstellungszentrum liegt, die Mühlsteinbrüche von Mayen und Mendig. Die Kreuze konzentrieren sich also in einem Gebiet, das Ahr, Rhein und Mosel wie ein Hufeisen umfließen. Dessen Öffnung im Südwesten schließt eine Daun und Lutzerath durchziehende Linie. Doch sind die Grenzen ringsum durchlässig. Basaltlava-Wegekreuze und gelegentlich auch Schöpflöffel finden sich noch im Hunsrück, im Westerwald, im Koblenzer Raum und weiter rheinaufwärts in Niederlahnstein, Boppard und auch noch in Oberwesel. Im Südwesten stoßen sie an die Sandsteinkreuze, die im Trierischen vorherrschen.

Nach Bonn versprengtes Basaltlavakreuz, das »Petter Lin von Andernach« und seine Frau 1698 hatten errichten lassen. Standort: St. Winfried

Grabkreuze aus Basaltlava, die Existenzgrundlage der Kreuzemächer, sind außerhalb des umrissenen Kerngebietes noch entfernter und weit häufiger anzutreffen als die Kreuze an Weg und Pfad. Wie die Mühlsteine wurden sie über Andernach nach Köln verschifft und dort, noch unbeschriftet, verkauft. Ab Linz rheinabwärts sind die Kreuze dann zunehmend aus Trachyt und Andesit, aber auf den alten Friedhöfen von Unkel, Königswinter, Bonn, Köln und noch in Duisburg finden sich auch Exemplare aus Lava in ihrer unverkennbaren, kubischen Form. In der Eifel stehen auf jedem Friedhof im Hauptverbreitungsgebiet noch zwischen 30 und 70 Grabkreuze aus Basaltlava; insgesamt schätzt man ihre Zahl heute auf 6000. Das ist nur noch ein Bruchteil dessen, was einmal vorhanden war. Neubelegungen sorgten seit jeher für chronischen Platzmangel auf Friedhöfen, so daß viele Grabkreuze weggeräumt wurden und anschließend einfach verschwanden. Einzelne kamen als Baustein in die Friedhofsmauer oder wurden in der Flur neu aufgestellt. Gerade in den Herstellungszentren sucht man nach ihnen vergeblich. In Mayen sind wenige Grabkreuze nur noch im Museum zu sehen, und in Niedermendig werden 20 sehr alte Stücke in einer Privatsammlung bewahrt, die ein bedeutender Steingrubenindustrieller seit den zwanziger Jahren dieses Jahrhunderts von Friedhofsmüllhalden zusammengetragen hatte. Dazu gehört das Grabkreuz mit der frühesten Datierung, dem Jahr 1497. Die Kreuze vom Friedhof der Niedermendiger St.-Cyriakus-Kirche waren 1852 für je 50 Pfennige an die Bevölkerung verkauft worden, da sie dem Anbau des Gotteshauses hatten weichen müssen.

Eingemauertes Totenkreuz, Brohltalstraße in Niederzissen. Oberteil vermutlich von einem Votivkreuz

Kirchhof in Welling mit sehr alten Kreuzen

Frevel

Niemals wäre man so mit Flur- und Wegekreuzen umgegangen. Denn durch Jahrhunderte hindurch garantierte die Einhaltung eines ungeschriebenen Gesetzes ihren Bestand und dazu meist auch den ursprünglichen Standort. Daher wird ihre angenommene Zahl von 4500 für früher nicht viel höher vermutet. Zwar werden immer noch, aber sehr selten, alte, verborgene wiederentdeckt – sie waren auch mit der Verschüttung alter Bräuche und damit einhergehender Unachtsamkeit unter Erde und Gras ins Abseits gekommen. Aber die Verluste sind weit höher. Sie rühren aus den sechziger Jahren dieses Jahrhunderts, verursacht durch Bimsabbau und Straßenbau, als die Kreuze hier noch ohne Denkmalschutz waren, und aus den siebziger Jahren, die Diebstahl einreißen ließen, der, anscheinend unaufhaltbar, die Landschaft ihrer schönsten Kreuze und Bildstöcke beraubt. Er hat die Eifeler wachsam gemacht: ». . . wenn ich auch nicht hinter jedes Kreuz einen Nachtwächter stellen kann«, wie sich Niedermendigs Bürgermeister zu Gegenmaßnahmen auf die anhaltend betrübliche Lage äußerte. Man vermutet hinter den Dieben Antiquitätenliebhaber von auswärts. Denn noch ist der uralte Volksglauben von der Unantastbarkeit der religiösen Mäler unter Einheimischen lebendig. Danach bedeuten Verletzen, Entfernen oder auch nur das Versetzen eines Flur- oder Wegekreuzes und Schöpflöffels Frevel und Gotteslästerung, die sich zu Lebzeiten rächen.

Gottes strafende Hand läßt dem Frevler all das widerfahren, was er dem Kreuz antat, und das zu Recht, so die alte Vorstellung. Sie blieb durch die Jahrhunderte unverändert, wie auch die entsprechenden Erzählungen in Chroniken und von Einheimischen. Dabei sind die Bösewichter austauschbar und können ohne weiteres auch die Nationalität wechseln. Dichtung und Wahrheit sind in Volkserzählungen verschwistert, und Zeitbegriffe schwer faßbar. So kursieren zum Beispiel drei verschiedene Geschichten zu einem hohen Kreuz von 1647 mit dem Gekreuzigten, das an der Straße von Wassenach nach Eich steht und das eine große Einschußstelle rechts neben den Beinen zeigt. Einmal wird überliefert, ein Schwede habe im Dreißigjährigen Krieg (1618–1648) eine Kugel auf das Kreuz abgefeuert, die sei von dem harten Stein zurückgeprallt und dem Schützen direkt ins Herz gegangen. Darum heiße das Kreuz »Schwedenkreuz«. Nach der zweiten Version handelt es sich um ein »Franzosenkreuz«, da ein Franzose auf das Kreuz gezielt habe und selbst tödlich getroffen umgesunken sei. Häufig und lange genug für solche Schandtaten hielten sich schließlich die »Welschen« in der Eifel auf. Vor allem der Dreißigjährige Krieg, die Reunionskriege Ludwigs XIV. und die Zeit der Besetzung nach dem Einmarsch der Revolutionsheere 1794 leben nachhaltig auch in solchen Kreuzsagen fort. Dabei kann zu ihrer Entstehung allein eine eingeschriebene Jahreszahl angeregt haben, wie vielleicht die »1638« auf dem als »Schweden-« beziehungsweise »Franzosenkreuz« bekannten Wegemal am Nürburgring zwischen Quiddelbach und Wimbach. Denn der Dreißigjährige Krieg war in dem Jahr noch in vollem Gang. Die Rennstrecke dort heißt »Am Schwedenkreuz«. Nun die dritte Version zur Erklärung der Schußstelle am Kruzifix von 1647: Sie nennt als Frevler den Anführer einer Räuberbande. Schwer von der abprallenden Revolverkugel verletzt, sei er festgenommen und später hingerichtet worden. Nach Überlieferungen traf eine Gewehrkugel selbst dann das Herz des Schützen, wenn der Beschuß des Kreuzes unabsichtlich war, wie es einheimischen Jägern passieren konnte. Das Tabu war absolut. Übrigens gibt es noch andere Franzosenkreuze, wie das bei Kempenich, deren Name eine ganz handfeste Erklärung hat: »ANNO 1678 AVF S.TOHMASTAG IST ERSCHOSS(e)N WORDEN VON DEN FRANSOSEN DER ERSAMEN LENS CLAS ...« Dieses Franzosenkreuz wurde für den Erschossenen aufgestellt, mit Frevel hatte es diesmal nichts zu tun.

Auf welche Art sich das Verletzen des Körpers des Gekreuzigten rächte, wird in Kruft erzählt, wo 1945 ein Amerikaner einem Kruzifix das rechte Bein abgeschossen haben soll. Eingeweihte überraschte es dann nicht, daß dem Frevler nach einem Verkehrsunfall sein rechtes Bein amputiert werden mußte.

Aber auch wer ein Kreuz versetzte, konnte und kann nach dem Volksglauben Folgen spüren. So schaffte vor nicht langer Zeit ein Eifelbauer ein Kreuz vom Feldweg in die Scheune, denn es hatte jede Durchfahrt mit dem Mähdrescher behindert. Als bald darauf eine Kuh erkrankte, dann ein Kind und schließlich dem Bauern die Frau davonlief, beeilte er sich, das Wegekreuz wieder an die alte Stelle zu setzen. Ähnlich soll ein Bauer in Kell gehandelt haben, wie die Großmutter eines heute älteren Bewohners noch zu berichten wußte. Der Bauer habe ein hohes Wegekreuz als Türsturz über der Kuhstalltür benutzt und »dann nur noch krankes Vieh im Stall gehabt«. Daraufhin habe er seinen Fehler erkannt und das Kreuz wieder an seinen ursprünglichen Platz gestellt. Auch in anderen deutschen Landen wurde mit dem Versetzen eines Kreuzes von altersher Unglück oder eine Kette von Mißgeschicken verbunden, die erst riß, wenn das heilige Mal wieder am alten Platz stand.

Die Dichte

Neben dieser allgemein geltenden Tabuisierung ist das Material der Eifeler Flur- und Wegekreuze, die Basaltlava, entscheidend für ihr hohes Alter und die große Dichte, die sonst keine andere Kreuzlandschaft mehr vorweisen kann. Verwitterung, beschleunigt durch Luftverschmutzung, ließen anderswo die Vielzahl schrumpfen und immer jünger werden. Dazu sind bei den frühesten erhaltenen, oft nur noch 200 Jahre alten Stücken die künstlerischen Feinheiten bildlicher Darstellungen meist vergangen. Erste Zeitangaben auf Basaltlava-Wegemälern fallen

Votivkreuz von 1819 in Kottenheim. Unverrückt behauptet es seinen ursprünglichen Standort und gehört wie viele andere zum Gesicht des Dorfes.

in das ausgehende Mittelalter. Sie finden sich auf den vier von Clais Beligen gestifteten Schöpflöffeln: 1461, 1462, 1472, 1473. Etliche undatierte Kreuze und Schöpflöffel sind vermutlich weit älter als ein halbes Jahrtausend. »BIS AN DAS ENT DER WELT . . .« ließ Iacob Plasweiler auf sein am 8. Januar 1677 in Kell errichtetes hohes Kreuz einschreiben. Solange, wollte er, sollte seine Stiftung bestehen und für ihn wirken. Darum wählte er den dauerhaften Stein. Diese kurze Zeile liest sich wie ein Motto für all die aufgestellten Kreuze.

Die lange geübte und noch nicht erloschene Tradition in der Eifel, Flur- und Wegekreuze zu errichten, hat die Orte mit jeweils 15 bis 25 Exemplaren ausgestattet. Oft sind es auch 30, in Obermendig sogar 50. Man braucht selbst mit dem Auto Stunden, um nur die eines einzigen Dorfes mit dazugehöriger Gemarkung anzusehen. Die im Ort findet man oft bei der Kirche – manche wurden zum Schutz vor Dieben aus der Feldeinsamkeit hierher geholt, viele sind in den Straßen und Vorgärten aufgestellt. In Kirchwald stehen allein zehn Kreuze: »Im Vorgarten von . . .«, »Am Anwesen von . . .«, »An der Gartenmauer von . . .«, »Im Hof von . . .«, »An der alten Schule«. Im freien Gelände dann, der Dorfgemarkung, an Straßen und Wegen durch Berg und Tal, Wald und Feld sind die kohlschwarzen Kreuze und Schöpflöffel meist schon von Ferne zu erkennen, wenn nicht Weißdorn oder Holunder sie umwuchert hat und versteckt. Zwischen zwei Pappeln, zwischen Akazien, unter einer Birke, Kastanie, Linde, neben einer Eiche, einem Kirschbaum, in Ginsterbüschen, am Kartoffelakker, Rüben-, Roggen-, Weizen-, Gersten- und Haferfeld, im Gestrüpp, in Gras, in Brennesseln . . ., die Standortbezeichnungen der Kreuze können nahezu alles nennen, was der Herrgott in der Eifel wachsen läßt. Es ist ein Naturerlebnis, die Kreuze aufzusuchen. Und wenn nicht gerade ein

Im Weißdorn auf dem Korretsberg. Die Frau des Stifters stammte aus »CROFT« (Kruft).

Bei einem Kirschbaum auf dem Korretsberg, am Weg der Dreifaltigkeitsprozession von Kruft

selbsternannter Denkmalpfleger da war und widerrechtlich die Lava mit einer Stahlbürste abgeschrubbt hat, so wie jüngst in Kruft und Umgebung, und dazu die Inschriften weiß eingefärbt hat, präsentieren sich die Freiluftmäler mit der ihnen eigenen Patina: Flechten, grau, weiß, schimmlig grün oder grellgelb, ziehen auf schwarzgrauem Grund ihre fransigen Kreise. Moospolster liegen manchmal wie Weichtiere auf Kopf und Armen des Gekreuzigten, giftgrüne Algen überziehen seinen Körper wie Samt an feuchten Orten, und kreideweiß sind Spuren von Vögeln haftengeblieben.

Größen

Der Eifelbesucher bemerkt bei den Flur- und Wegekreuzen zwei unterschiedliche Größen. Ein Teil ragt nur 70 bis 80 Zentimeter aus der Erde, die Mehrheit ist jedoch bedeutend größer, reicht von Mannshöhe bis zu drei Metern und mehr hoch. Auch dem Sinn nach trifft eine Größenunterteilung zu. Die niedrigen Kreuze wurden für Tote errichtet, die plötzlich und ebendort starben. Man nennt sie Totenkreuze. Todesursache war meist ein Unfall, manchmal Mord, auch Erschießung oder Herzschlag unter freiem Himmel. Die hohen Kreuze ließen dagegen Stifter noch zu ihren Lebzeiten aufstellen. Ihr vorherrschendes Motiv scheint das Wohl der eigenen Seele im Jenseits gewesen zu sein. Ihm sollte die Stiftung des Kreuzes auf Erden dienen. Manchmal war das Einlösen eines Gelöbnisses als Dank für Errettung aus einer Not Anlaß zur Errichtung. Darauf bezieht sich der Name Votivkreuz (Gelöbniskreuz) für die hohen Kreuze.
Die ganz alten Flur- und Wegekreuze aus der inschriftlosen Zeit, also die vor 1461, lassen sich keiner der beiden Rubriken mit Sicherheit zuordnen, auch wenn sie niedrig und höchstens 1,10 Meter hoch sind. Uner-

Totenkreuz an der B 256 bei Thür

forscht hüten sie immer noch ihr Geheimnis. Vermutlich könnten sie als Totenkreuz oder auch Votivkreuz gesetzt worden sein. Bei einzelnen scheint eine ursprüngliche Verwendung als Grabkreuz nicht völlig ausgeschlossen. Es gibt insgesamt nicht viele von ihnen. Das bekannteste ist das Frankenkreuz, das heute bei der Kirche von Thür neben einer kleinen Trauerbirke steht. Man fand es in den letzten zwanziger Jahren wieder, nicht weit vom Golokreuz, am Pilgerweg nach Fraukirch, der Marienwallfahrtskirche mit Fundamenten aus dem 8. Jahrhundert. Das *Frankenkreuz* wirkt archaisch und majestätisch. Vierkantig, breit und stämmig kommt der senkrechte Balken aus der Erde und bietet eine große Fläche im Kreuzmittelpunkt. Sie wird auf beiden Seiten von einem eingeritzten Krückenkreuz belegt. Abgerundet und wie kurze Armstümpfe buchten sich die drei freien Balkenenden aus. Da Krückenkreuze – Kreuze, an deren vier Balkenenden sich eine Krücke wie ein Querbalken legt – erstmals auf fränkischen Münzen geprägt waren und das Frankenkreuz nahe einer fränkischen Siedlung bei der Fraukirch wiederentdeckt worden war, schloß man damals auf seine Entstehung im »8.–9. Jahrhundert«, wie es auf einer Platte neben dem Kreuz heißt. Wissenschaftler halten diese Zeitangabe heute für falsch und unerwiesen.

Die grobe, einfache und vergleichsweise niedrige Form mit den Rundungen an Enden und Zwickeln der Kreuzbalken sind typisch für die ältesten Kreuze in der Eifel und auch in den anderen deutschen Kreuzlandschaften. Es gibt an ihnen keinen rechten Winkel, und die Rundungen sind nur roh und asymmetrisch herausgearbeitet. Bei einigen verlaufen die Balken jedoch konisch, sich zur Kreuzmitte hin verjüngend. Die Kreuze, die keinerlei Zeichen tragen, werden als älter angesehen als die, denen bereits eine Hausmarke, zum Beispiel eine *Schere* (Museum Mayen) eingeschlagen ist oder ein eingeritztes Kreuz wie beim Frankenkreuz. Auch das Kreuz im Kreuz sollte nach damaliger Vorstellung die Macht böser Geister und Dämonen abwehren und auf

Votivkreuz am Bahner Hof

Das Frankenkreuz

diese Weise den Schutz vermehren. Die Krückenkreuze am Frankenkreuz sollten so in zwei Richtungen wirken.

Sühne

Wenn auch Entstehungszeit der frühen Kreuze aus Basaltlava und ihr Sinn in Sitte und Brauch bisher noch unerforscht sind, schließen Wissenschaftler doch ziemlich sicher aus, daß es sich bei ihnen um Sühnekreuze handelt. Deren Errichtung konnte im 13. bis 16. Jahrhundert in sogenannten Sühneverträgen zwischen Angehörigen eines Totgeschlagenen und dem Täter gefordert werden. Diese Verträge gingen auf altes germanisches Sippschaftsrecht zurück, das Blutrache nach Totschlag bereits durch Blutsühne ersetzt hatte. Sie legten Leistungen des Täters an die Hinterbliebenen, das »Wer – oder Manngeld«, fest und seine Verpflichtungen, die dem Seelenheil des Toten dienen sollten. Dazu gehörte meist die Aufstellung eines Kreuzes. Bis auf das Herzogtum Berg sind im Rheinland solche Sühneverträge aber nicht bekannt. Die einzige Ausnahme macht der »Koblenzer Vertrag« von 1380, der jedoch eine ritterliche Sühne darstellt, von der man allgemeinen Brauch nicht ableiten kann. Um so berühmter wurde das »Staffeler Kreuz«: auf dem Ritt zu einer Hochzeit nach Isenburg traf Dietrich von Staffel im Jahre 1371 bei Sayn zwischen Heimbach und Bendorf seinen Feind, den Stadthauptmann von Limburg, Bretten von Hersbach, und wurde von ihm erstochen. Die Folgen waren jahrelange Fehden mit Brandschatzung der Stadt Limburg. Kuno von Falkenstein, Erzbischof von Trier, beendete sie schließlich 1380 mit einer Aussöhnung und der vertraglichen Sühne, die die Errichtung eines zehn rheinische Fuß hohen Kreuzes einschloß, um den Erstochenen »als Todten zu besseren«. So wurde das Staffeler Kreuz errichtet. Noch bis zum 18. Jahrhundert war es auf Landkarten skizziert, danach aber nicht mehr auffindbar.

Kreuz mit konisch verlaufenden Balken

Mordkreuze

Zwei junge Männer, beste Freunde, der eine vom Kergeshof, liebten beide dasselbe Mädchen. An einem Sommerabend gingen sie gemeinsam über Land von Moselsürsch nach Lehmen, um ihr Mädchen zu besuchen. Wozu die Rivalität noch vor dem Ziel führte, das steht auf einem Kreuz am Weg: »1814 DEN 15. AUGUST DES ABENDS UM 9 UHR WURDE HIER DER EHR UND TUGENDSAME IUNGESEL IOSEPH BRACHTENDORF ALT 22 IAHR VOM KERGESHOF, VON SEINEM BESTEN FREUND, DEN ER NOCH EINIGE MINUTEN ZUVOR KÜSTE, IAEMERLICH ERMORDET. BETET FÜR IHN. RIP« (RIP ist die Abkürzung für requiescat in pace, er möge in Frieden ruhen).
Ohne jede Andeutung der Umstände oder der Bekanntgabe des Täters nennt ein Kreuz in Bernkastel aus dem Jahr 1552 dieselbe Gewalttat: »1552 SANDER KREM(e)R ZU MERSIG ERMORT«. Vielleicht war der Mörder ein Unbekannter, dem die Flucht gelungen war.

Kreuz für den 1660 erstochenen Schwager

Doch auf dem in Ortsmitte in *Valwig eingemauerten Totenkreuz* für Iohannis Humphen kann man lesen, wer, und mit welcher Waffe, diesen Mann umgebracht hatte: »AN 1612 DEN 27. OKTOBER IST IOHANNIS HUMPHEN ALHEI IAMMERLICH MIT EINEM MESSER ERSTOCHEN (worden). G(ott) G(nad) D(er) SELEN. B. A. H, WILCHEN GEM(ein)CHEN MORT BEGANGEN HAT PETRUS LENTZEN.«

Die mit Empörung kommentierte Schandtat blieb für immer mit dem Namen des Mörders verbunden. Das Kreuz hatte hier die Funktion eines Prangers.

Zur Zeit der Errichtung eines Totenkreuzes für Friedrich Schmied in Klotten wußte sicher jeder im Dorf genau, wie sein Schwager und Mörder hieß. Das besonders Schreckliche an dieser Mordtat war, daß hier jemand von einem nahen Verwandten umgebracht worden war. Das konnten mit folgender Mitteilung auf dem Kreuz auch fremde Vorübergehende erfahren: »AO 1660 (oder 1665) FRIDERICH SCHMIED VON WELCHERD DURCH SEINEN SCHWAGER ERSTOCHEN WORDEN. DSGG.«

Mord hielt man auch für den Anlaß der Errichtung eines hohen Kreuzes bei Eller, auf dem das Wort »MOERDER« klar herauszulesen ist. Es setzte die Phantasie der Einheimischen in Gang: ein Mann, der in Cochem Weingeld eingenommen hatte, sei hier überfallen und erschlagen worden. Darum sei das ein Mordkreuz. Diese Geschichte wurde durch Jahrhunderte überliefert. Größe des Kreuzes und Lesung des vollständigen Textes sagen dagegen anderes aus: »P. SCHNEIDT D(en) 3.IVNI 1603 VNDER D(ie) MOERDER G(efallen) VND ERET(et). GOT LOB.I(n) COCHEM.« Das Kreuz ist also ein Votivkreuz aus Dankbarkeit für die Errettung aus Mörderhand. »VNDER D(ie) MOERDER G(efallen)« ist ein Zitat aus dem Gleichnis vom Barmherzigen Samariter, Lukas 10/30: »Es war ein Mensch, der ging von Jerusalem hinab gen Jericho und fiel unter die Räuber ...« Wie dieser Mensch schließlich, so hatte auch P. Schneidt Barmherzigkeit erhalten. Er dankte sie mit dem Kreuz.

Uralte Totenbräuche

Wer wie ein Ermordeter, tödlich Verunglückter oder ein vom Schlag Getroffener im Freien plötzlich ums Leben kam, dem konnten insgesamt zwei Kreuze gesetzt werden, das eine auf dem Friedhofsgrab, und das zweite, das Totenkreuz, markierte den Ort des Geschehens. Dieser nicht nur in der Eifel geübte Brauch greift in seinen Ursprüngen weit zurück. Seit Menschengedenken und in vielen Kulturen war ein allgemeines Grauen vor der Stelle, an der jemand zu Tode kam, verbreitet, und man maß ihr besondere Bedeutung bei, wenn sie Schauplatz eines unvorhergesehenen Unglücks war. Urtümliche Vorstellungen vom Toten und seiner Gefährlichkeit als Wiedergänger, der die Lebenden quält, ließen schon in grauer, heidnischer Vorzeit Bräuche entstehen, die den »umgehenden und spukenden« Toten Ruhe geben und die Lebenden vor ihnen schützen sollten. So war es zum Beispiel weitverbreitete Sitte, auf die Todesstelle Reisig und Steine zu häufen, und jeder Vorübergehende legte noch ein Reis oder einen Stein dazu. Mit dem Totenkult der Steinsetzung oder Aufrichtung von Holzpfählen war die Vorstellung verbunden, diese Kultmäler seien Seelensitz der Dahingeschiedenen, der ihnen Ruhe gab. In diesem Sinn sind wohl auch die großen Steine, Menhire, aus den Megalithkulturen aus dem dritten Jahrtausend vor Christus zu verstehen.

Ein solcher Riesenstein ist der 3,50 Meter hohe Menhir, das »Fraubillenkreuz«, im Naturpark Südeifel bei Ferschweiler nahe der Grenze zu Luxemburg. An ihm hat mit dem Übergang von Heidentum zum Christentum eine formale Veränderung stattgefunden. Aus seinem oberen Teil wurde ein Kreuz herausgeschlagen und dazu in seine Balkenschnittpunkte beidseitig eine Nische.

Vorder- und Rückansicht des Fraubillenkreuzes

Diese Tat schreibt die Legende dem Heiligen Willibrord (657–739) zu, dem Missionar des Landes. Sie ist auch Ausdruck für Umsetzung einer diplomatischen Kirchenpolitik, die, wie ein Brief Papst Gregor I (540–604) belegt, heidnische Heiligtümer nicht zerstört, sondern in christliche umgewandelt sehen wollte. In dem Namen Fraubillenkreuz (früher: Sybillen Creutz und Frau Billen Kreuz) lebt die Verbindung von Heidnischem und Christlichem, Merkmal der Übergangsphase, noch fort. Der Sage nach hält sich eine Fee, die Frau Sibylle, am Tage im Kreuz verborgen. Des Nachts bringt sie als wilde Jägerin Vorübergehenden Unheil. Es heißt auch, man höre im Kreuz eine Frau spinnen, und es liege dort ein Schatz vergraben. Mit diesem Spuk wollte wohl eine rein christliche Namengebung Schluß machen: »Unser lieben Frau Bild-Kreuz«. Hier wurde der alte Klang täuschend ähnlich benutzt und mit neuem Sinn erfüllt. Popularität gewann die Wortschöpfung nicht.

Christenpflicht der Fürbitte

Der Totenkult unserer Vorfahren hat mit Sicherheit die Sitte der Errichtung von Totenkreuzen beeinflußt. Vielleicht war der Gedanke, sich *vor* dem Toten schützen zu müssen, anfangs dabei noch vorherrschend. Denn dem Zeichen des Sieges Gottes über Tod und Teufel schrieb man seit dem frühesten Christentum stärkste Abwehrkräfte zu. Man glaubte, an einer Wegegabelung, dem »Tummelplatz der Geister«, könnte ein aufgestelltes Kreuz diesen ihre Macht nehmen. In vorgeschrittener christlicher Zeit nahm dann allmählich die Vorstellung der Kreuzsetzung *für* den Toten, für das Heil seiner Seele, immer mehr Raum ein. Bereits im ausgehenden Mittelalter galt es als Christenpflicht, einem Angehörigen, der plötzlich ums Leben gekommen war, nachträglich mit frommen Werken »seiner armen Seele« aufzuhelfen. Denn nach der Glaubenslehre sollte der Mensch zu Lebzeiten durch gute Werke Verdienste für die Ewigkeit sammeln, die ihm »dereinst in Not und Pein im Fegefeuer zu Hilf und Trost gereichen« würden.

Diese Vorbereitung auf das Jenseits brach für den unverhofft Sterbenden jäh unvollendet ab. Und, was außerdem als großes Unglück empfunden wurde, er verschied so ohne die Sterbesakramente und Tröstungen der Kirche, die nach anleitenden Schriften des Spätmittelalters über die »Ars moriendi«, die Kunst des Sterbens, zur Gewinnung der ewigen Seligkeit nicht fehlen durften. Was nun dem tödlich Verunglückten versagt blieb, sollten dann Angehörige durch Stiftungen an die Kirche, durch Wallfahrten, Almosen oder Gebete nachträglich für ihn zu erreichen versuchen. Zu diesen Leistungen für sein Seelenheil gehörte ebenfalls die Errichtung eines Totenkreuzes. Es sollte in aller Öffentlichkeit um Gebetsfürbitte werben, mehr noch, es verpflichtete den Vorübergehenden sogar zu dieser christlichen Übung – in Bayern zum Beispiel noch weit in unser Jahrhundert hinein. Die Erfüllung der stummen und nachdrücklichen, weil immer präsenten Aufforderung galt als verdienstliches Werk. Es vermehrte den Fonds guter Taten des Betenden und war somit bereits Vorsorge für sein eigenes Wohl später im Jenseits. Auch in der Eifel war noch bis in die jüngste Zeit der Zusammenhang zwischen Totenkreuz und Seelenheil bekannt. Es erklärte zum Beispiel ein Bewohner von Neroth das Totenkreuz eines Anwohners: »Der ist hier tot geblieben, da haben sie ihm hier das Kreuz gestellt, damit die Leute schon mal ein Vaterunser für seine arme Seele beten sollten.« Das sind die typischen Redewendungen.

So selbstverständlich war früher das Fürbittgebet für den Toten an seinem Wegekreuz, daß die inschriftliche Aufforderung dazu überflüssig war und fehlt. Erst 1782 heißt es auf einem Kreuz in Altenahr für einen Mann, der am 10. Januar ertrunken war: »BETE EIN V(ater)UNSER.« Auf jüngsten Totenkreuzen wird fast immer zum Gebet ermahnt. So meißelte der Bildhauer Paul Milles 1945 in ein Kreuz, das ein Bauer bei ihm für seinen Sohn in Auftrag gegeben hatte: »HIER VERUNGLÜCKTE AM 3. MAI 1945 PET. LUXEM AUS THÜR, IM ALTER VON 18 JAH-

REN. BETET F. S. SEELE.« Das Unglück war ein umkippender Mistwagen, der Peter Luxem unter sich begrub. Das niedrige Kreuz mit einem Taubenpaar auf den Querbalken steht an der Bundesstraße 256 in hohem Gras, fast gegenüber vom Golokreuz.

Ganz allgemein und uneingeschrieben wurde das Totenkreuz am Weg seit jeher für den Passanten auch als Mahnung an den eigenen Tod verstanden: Memento mori! Gedenke des Sterbens! Damit war seit dem Mittelalter vor allem gemeint: tu Buße! Dasselbe trifft natürlich für das Grabkreuz zu. Totenkreuz und Grabkreuz haben vieles gemeinsam, die Form, den zeitlichen Beginn der Inschriften um das Jahr 1500, Nennung des Namens des Toten und seines Sterbetages, der für das Jahrgedächtnis wichtig war. Auf frühen Grabkreuzen finden sich jedoch oft nur Sterbejahr und Initialen (»1580 P.H.«) oder der Vorname (»GRET 1584«) und/oder eine Hausmarke als Identifikationszeichen. Sie kann auch einzige Bezeichnung eines Grabkreuzes sein. Eine weitere Gemeinsamkeit der beiden niedrigen Kreuzarten ist die eingeschriebene Bitte um Gnade für den Verstorbenen, »DER SEELE GOTT GNAD«, die häufig als Abkürzung, »DSGG«, erscheint. Jeder wußte damals, wofür die vier Buchstaben standen. Sie sparten Platz und Zeit und somit dem Auftraggeber Geld. Das formelhafte »DSGG«, ebenso das »RIP« (requiescat in pace = er möge in Frieden ruhen) erscheinen stets nur auf Toten- und Grabkreuzen, aber nie auf Votivkreuzen. Die gängige Kurzform »SHF«, die seine Hausfrau, seine Ehefrau bedeutet, findet sich auf allen Kreuztypen.

Unglückskreuz für Peter Luxem, der hier beim Mistfahren umkam.

Unterscheidung: Toten- und Grabkreuz

Grabkreuze wurden manchmal aus Platzmangel und wenn die Grabstätte verfallen war, von Nachfahren der Toten bei deren Höfen an einem Weg oder einer Straßenkreuzung neu aufgestellt. So konnten sie weiter um Fürbitte werben. Einige Grabkreuze fanden in der Flur eine Zweitverwendung als Votivkreuz mit oder ohne neue Inschrift. Daher kann man den Standort – Flur oder Friedhof – nicht als absolutes Kriterium für den ursprünglichen Anlaß der Errichtung gelten lassen. Den Unterschied zwischen Toten- und Grabkreuz verrät vor allem ein fast nie fehlender Hinweis auf die Stelle des Todesereignisses in der Inschrift des Totenkreuzes. Da ist jemand allhier, allher, alhei, alhir, hier, hir, hie, hic, in dieser Gegend, in dieser Kirch, in der Kaul, in der Lei tod, dot, dodt gebleben, pliben, blieuen, dem Heren entschlafen, gestorben. Eine typische Grabinschrift lautet dagegen: »1626 D(en) 21. FEBRUAR STARB BERNHART KEIPS DOCHTER KATHRINA. DSGG« (aus der Privatsammlung Michels, Niedermendig).

Fehlt beim Totenkreuz die Ortsbezeichnung, so gibt es sich meist durch die Angabe der Todesursache zu erkennen, wie bei dem frühesten Beispiel einer Inschrift für einen tödlich Verunglückten, ein Verkehrsopfer: »1501 DEN 23. NO (vem)B(e)R.IOHAN DORFER IST BLIEUEN UNDER EINEM WAGENLAUFS. DER SELEN GOT GNAD.« Dieses Kreuz steht an einer Straße von Obermendig nach Maria Laach. (Das älteste Grabkreuz, Sammlung Michels, hat folgende Inschrift: »SLIGIN FEINE, DER GOT GNADE«, auf der Rückseite befindet sich die Jahreszahl »1497«.) Umgekehrt trifft man bei einem Totenkreuz, das die Unfallart nicht nennt, immer auf ein »hier«, wie zum Beispiel auf Kreuzen in Bürresheim und Pommern: »ANNO 1674 DEN 13. IULY IST ANDRIS THUM SEIN SOHN BALDES ALHIE TOD PLIBEN. DSGG«, und in Pommern: »HIER VERUNGLÜCKTE JOHANNES SCHNEIDERS AUS POMMERN AM 1. 11. 1944 TÖDLICH IM ALTER V(on) 61 JAHREN. BETE EIN VATERUNSER.«

Auch gibt es viele Kreuze, die den plötzlichen Tod eines Angehörigen bezeugen, aber offenlassen, ob es ein Unfall, Herzschlag oder Schlaganfall war. Dann heißt es zum Beispiel, wie auf einem Ettringer Kreuz: »1807 TEN 16. TECEMBER. BALTES SCHWARTZ IUNGESELL VON HAUSEN IST HIR GESTORBEN.«

Vielfach werden sowohl die Todesstelle bezeichnet als auch die Unglücksart genannt, wie bei diesem Beispiel aus Pommern: »1821 D(en) 9. OCTOBER BLEB ALLHER PETER SCHLAER V(on) POMMERN D(urch) E(inen) WAGEN TOD. A(alt) 73 JAHR.«

Knapp sind die Angaben zur Todesursache. Sie nennen Mord, Tod durch Erschießung von Feinden und durch die Naturgewalten Blitz und Donner »1822 DEN 23. JUNI BLIEB CORNELIUS BELL AUS KOTTENHEIM VON DEM DONNERSCHLAG TODT.« Ebenso zieht sich durch die Jahrhunderte der Verkehrsunfalltod, bezeugt von dem Totenkreuz mit

Unglückskreuz von 1944 an der Straße nach Pommern für »JOHANNES SCHNEIDERS«

Unglückskreuz von 1821 an der Straße nach Pommern für ein Verkehrsopfer

der ältesten Inschrift aus dem Jahr 1501 und von jüngsten Beispielen wie diesem: »LEO SEUL DURCH TRAGISCHEN VERKEHRSUNFALL VERSTORBEN 23. 2. 1976.« Dieses Kreuz steht an einem Feldweg in Brohl bei Karden. Wiederkehrend ist auch das Unglück auf der Jagd durch Verwechselung von Personen mit dem verfolgten Tier bei schlechter Sicht: »AM 16. TEN FEMB (ru)W(ar) 1827 IST PETER DEGEN V(on) WEHR IST IN DIESER GEGEN(d) AUF DER JAGT DURCH EINEN UNGLÜCKSFALL DODT GEBLEBEN.«

Ertrunken

Die größte Zahl stellen in der Eifel Totenkreuze für Ertrunkene am Ufer von Rhein und Mosel: »ALHIR IST DER ERSAM IACOB HIERONIMI ERDRUNCKE DEN 26. IUNY AO 1646. DSGG.« Dieses Kruzifix von Klotten an der Mosel hat als Totenkreuz ausnahmsweise die hohe Form. Ehe es in das Haus eingemauert wurde, stand es bald 100 Jahre in einem Garten, weshalb Klottener munkelten, Iacob Hieronimi sei in der Regentonne ertrunken. Der ursprüngliche Platz muß das Moselufer gewesen sein. Ein Kreuz am Rheinufer in Koblenz zwischen Pfaffendorf und Horchheim zählt zusammen elf Ertrunkene auf. Wie es in Kirchenbüchern von Kell steht, befand sich die Gruppe am 8. September 1710 auf dem Rückweg von einer Wallfahrt nach Bornhofen zum Fest Mariä Geburt. Ihr vollbesetztes Schiff kenterte bei Bornhofen. Die Toten wurden geborgen und in Kell beerdigt. Am Rheinufer erhielten sie in Höhe der Unglücksstelle ihr Totenkreuz. Nur wenige Totenkreuze geben über die allgemeine Floskel »HIER« hinausreichende Angaben. Zu den Ausnahmen zählen Kreuze der »IN DEN LEIEN«(= Steinbrüche) Verunglückten. In den Mühlstein-

Kreuze, die entlang der Mosel für Ertrunkene gesetzt wurden. Das linke, 1646 für »JACOB HIERONIMI« errichtet, zeigt als Totenkreuz ausnahmsweise die hohe Form.

Der Tod kam in der Mosel

In der Mosel »EHRTRVNCKEN«

»IST ALHIER IN DER KAUL TOD BLIBEN . . .«

brüchen von Mayen und Mendig verdienten sich Steinbrecher aus weitem Umkreis seit Jahrtausenden ihr Brot. Schwer und lebensgefährlich war ihre Arbeit. Das bezeugen auch Kreuze wie dieses in Kottenheim: »ANNO 1814 DEN 15. JULI BLIB JOHAN MANNEBACH IN K.H. (=Kottenheim) IN DER LEIDOT. ALT 44 IAHR.« Manch einer ließ sein Leben »IN DER KAUL«. Kaul bedeutet Grube, Bruch. Vermutlich ist ein Tuffsteinbruch gemeint. Denn die Steinbrecher der Mayener und Mendiger Mühlsteinbrüche benutzen das Wort Kaul nur abwertend, wie in »Rüppekaul«. Das bedeutet etwa Rübenkaul und meint unbrauchbare Steinbrüche.

Vom Blitz getroffen

Den wortkargen Inschriften auf den Kreuzen stehen oft ausgeschmückte Schilderungen über Hintergründe zu ihrer Errichtung in Dorf- und Schulchroniken gegenüber, die seit 1875 von Lehrern niedergeschrieben werden mußten und die dann auch als Unterrichtsmaterial benutzt wurden. Sie sind nicht unbedingt Tatsachenberichte, aber selbst von Phantasie und Abenteuerlust beflügelte Überlieferungen kamen schließlich aus der Vorstellungswelt der damals dort lebenden Menschen. Nebenher spiegeln sie den harten wirklichen Alltag. Manche Erzählung liest sich wie eine Sozialreportage. Manchmal bestätigen Akten, Eintragungen auf Ämtern, was die Chronik über ein Kreuz erzählt.

Die im Bergland gelegenen Dörfer Waldesch und Kirchesch wurden 1969 zu Kirchwald vereinigt. Insgesamt säumen 23 Kreuze seine Dorf- und Landstraßen. Ein niedriges schmuckloses Kreuz steht außerhalb des Ortes, am Waldweg hinab nach Bürresheim, in unmittelbarer Nähe der Lehmgrube »Schölmen«. Außer der Jahreszahl 1872 erkennt man nur noch den Namen »JOSEPH AX«. Die Waldescher Schulchronik schreibt zu diesem Kreuz: »Auf Schelmen steht ein kleines Kreuz. Dieses erinnert an Josef und Maria Kath. Ax. Diese waren dort beschäftigt im Jahre 1872. Ein Gewitter stand am Himmel. Beide suchten in einem nahen Walde Schutz in der Nähe einer hohen Eiche. Es blitzte ganz gewaltig. Der Mann fragte die Frau: Bist Du erschlagen? Die Frau sagte: Nein. Da blitzte es noch einmal. Die Frau schaute sich um und sah, wie ihr Mann erschlagen am Boden lag. Der Blitz hatte die Eiche getroffen und war auf den Mann übergesprungen. Zum Andenken an diese Begebenheit hat man am dortigen Wege das Kreuz errichtet.«

Votivkreuze: »Bis an das Ent der Welt«

Schon außerhalb von Kirchwald, zehn Minuten zu Fuß die Straße in Richtung Langenfeld durch fruchtbares Hochland, dort, wo in klarer Luft Gipfel und Wälder der Eifel weit überschaubar erscheinen, wurde 1664 ein Kreuz errichtet. Das Kruzifix gilt als eines der schönsten aus Basaltlava. Christus wurde nahezu vollplastisch und mit edlen Gesichtszügen dargestellt. Engel halten Kelche unter Fuß- und Handwunden, das Blut aufzufangen.

»Das Kreuz wird als ›Pullkreuz‹ bezeichnet«, berichtet die Waldescher Schulchronik, »und steht in einer Mulde. Ein Schafhirte befand sich in dieser Mulde, als ein wolkenbruchartiger Regen ihn und seine Herde dem Ertrinken nahebrachte. In seiner Not versprach er dieses Kreuz, und Hirt und Herde wurden gerettet.«

Weiß nun, wer diese Überlieferung gelesen hat, wirklich, wer weshalb dieses großartige Votivkreuz in Auftrag gegeben hatte? Es steht übrigens heute in Kirchwald vor dem Gemeindehaus (die Gemeinde Kirchwald entstand 1969 aus den alten Dörfern Waldesch und Kirchesch). Am einsamen Ort befürchtete man Diebstahl. Bei der Mulde, die im Dialekt »Pull« oder »Pudel« heißt, was auch abgestandenes Wasser, Jauche bedeuten kann, kam an die ursprüngliche Stelle dann ein ebenso hohes Ersatzkreuz mit den zwei Jahreszahlen 1664 und 1979. Sein Stifter war der Steinhauer selbst, die Gemeinde hatte die Kosten für die Aufstellung getragen.

Geheimnisvolle Gründe

Vielfältig, vielschichtig und bis ins Letzte für Außenstehende nie erfahrbar sind die Gründe, die den oder die Stifter ein Kreuz errichten ließen. Nur in den seltensten Fällen, einer Handvoll Beispielen, nennen Inschriften auf Eifeler Basaltlavakreuzen einen aktuellen Anlaß, wie die Rettung aus Mörderhand – »GOT LOB«. Das Waldescher Kreuz gehört nicht zu diesen Ausnahmen. Sein Text lautet: »HS HERMEN SCHEFFER V WALTOSTZ MARIA S HAUSFRAV W.« Er sagt aus, daß Hermen (Hermann) Scheffer von Waldesch und seine Frau Maria von Waldesch dieses Kreuz stifteten, mehr nicht. Möglicherweise haben der Name Scheffer (gleichbedeutend mit Schäfer) und die Schäferschippe auf dem Wappen am Schaft – Symbol des Schäferberufes – später im Dorf die Erfindung der Geschichte vom Gelöbnis eines in Gefahr geratenen Schäfers hervorgerufen. Denn die Überlieferung in der Chronik muß nicht den Tatsachen entsprechen. Es wurde notiert, was man erzählte. Beweise nach wissenschaftlichen Kriterien fehlen, so bleibt der wahre Sachverhalt ungeklärt.

Doch läßt sich, ob wahr oder nicht, von des Schäfers Versprechen im Wolkenbruch und seinem Einlösen recht anschaulich der allgemeine Hintergrund zu den meisten Kreuzstiftungen erkennen und auch, was mit dem Begriff Votivkreuze (nach Lateinisch: votum = Gelöbnis) zum Ausdruck kommen soll: sie verkörpern an Gott gerichtete Bitten und Dank; Bitten, die auf das Jenseits zielen, aber auch handfeste Hilfe im Leben aus Not, Gefahr, Krankheit und Krieg meinen können. Und Dank für erlangte Erhörung. Dem Sinn nach ähneln diese steinernen Frömmigkeitsäußerungen einem Gebet. Im errichteten Kreuz suchte der Stifter eine Beziehung zu Gott, eine gute Beziehung.

Anders als bei den niedrigen Totenkreuzen, die den plötzlich aus dem Leben Gerissenen von Angehörigen am Ort des Todes aufgestellt wurden, gab und gibt der Stifter sein hohes Kreuz selbst, also während er lebt, in Auftrag und bestimmt auch den Aufstellungsort. So ist das, wenn auch sehr viel seltener als früher, noch heute. Beispielsweise wurden Kreuze aus Anlaß der Rückkehr von Soldaten aus dem Zweiten Weltkrieg oder aus der Gefangenschaft aufge-

Kruzifix mit Kelchengeln von 1664, Waldesch

stellt. 500 Jahre reicht die Tradition lückenlos zurück.
Die zu Lebzeiten ihres Stifters errichteten Kreuze machen den weitaus größten Teil in unserem Eifelgebiet aus. Mannshoch seit dem ausgehenden Mittelalter und vom 17. Jahrhundert an oft sogar drei Meter und mehr aus der Erde ragend, bestimmen sie das Bild der Kreuzlandschaft. Das früheste hohe Kreuz ist 1554 datiert und steht in Miesenheim. Wenn auch anders gestaltet, so gehören doch ihrem Sinn nach auch die Schöpflöffel, die urtümlichen Wegemäler mit der großen leeren Nische, zu den Votivkreuzen. Ihre Funktion bei Prozessionen, die offizielle Bedeutung, ist kein Widerspruch dazu. Sie wurden und werden beim Volk außerdem genauso fromm verehrt wie ein Kreuz und oft so genannt. Das beweisen auch Inschriften wie diese auf einem Beller Schöpflöffel: »1631 DIES CREUTZ HAT NIKLAS SPELEN IN DIE EHR G(ottes) LASEN MACHEN.«
Es ist nahezu unmöglich, vom Stifter selbst Auskunft über seine Gründe zur Errichtung eines Kreuzes zu erhalten. Schon eine Frage verletzte seine Intimsphäre und brächte doch kaum mehr als Verlegenheit und Ausweichen hervor. Wenn überhaupt, dann wird auch dem Vertrauten nur eine Andeutung gemacht. Niemand wird jemals das Knäuel aus Vorstellungen, Bräuchen und Gefühlen vollständig entwirren können, das eine Kreuzstiftung hervorbrachte. »Ich habe in meinem Leben viel Ungutes getan. Jetzt wollte ich auch mal ein gutes Werk tun.« Dieses Bekenntnis eines Bauern an einen Freund vor noch gar nicht so langer Zeit ging außergewöhnlich weit. Das Motiv der Buße hat wohl schon immer eine Rolle gespielt. Der tägliche Anblick des Kreuzes wird den Bußgedanken unerbittlich und wirksam wachgehalten haben. Aber auch Stolz verband sich mit der gottgefälligen Tat. Zur beabsichtigten Wirkung auf das religiöse Gefühl der Vorübergehenden sollte sich Respekt für den Stifter gesellen.
Einziger handfester Ausgangspunkt bei dem Versuch, die Eifeler Kreuzstiftungen zu deuten und zu verstehen, sind eingeschlagene Inschriften. Die ersten fallen noch in das ausgehende Mittelalter. Es sind dies die Texte auf den vier Schöpflöffeln, die Stifter CLAIS BELIGEN 1461, 1462, 1472 und 1473 in Obermendig auf dem Prozessionsweg von dort zur Fraukirch hatte aufstellen lassen. Sie werden im nächsten Kapitel beschrieben. Diese frühen Meisterwerke sind aber nur eine Vorhut. Denn bis auf Ausnahmen kamen Inschriften erst wieder im Jahr 1590 vor. Seitdem gab es dann eine nicht mehr abreißende Fortsetzung bis heute. Die frühen Inschriften sind aus gotischen Minuskeln zusammengesetzt. Nach einer Übergangszeit mit Mischformen verwendeten die Kreuzemächer seit dem Ende des 16. Jahrhunderts dann römische Kapitalschrift. Einige Worte arbeiteten sie mit Hilfe von Schablonen in den Stein ein, und manchmal, wenn der Meister selbst nicht schreiben konnte, erschienen sie am Kreuz seitenverkehrt, in Spiegelschrift. Um Platz zu sparen, kürzte man ab: ein U für UND, ein V für VON, und verband oft zwei Buchstaben durch eine Ligatur miteinander, indem beide denselben Schriftbalken benutzen. Die Zeile wurde bis zur Kante vollgeschrieben, auch wenn die Worte dadurch abbrachen. Ihre Reststücke folgten in der nächsten Zeile. Es ist daher meist mühevoll, sich in den unübersichtlichen Schriftbildern zurechtzufinden.

Vorsorge fürs Jenseits

»1778. ALLES GOTT ZU EHREN UNDEN ARMEN SEHLEN ZUM DROST.PETER FRONERT.SHF MARGARETA FRONERTS VON BEL.« Dieser Text auf einem schmucklosen hohen Beller Flurkreuz liefert mit der Zeile »UNDEN ARMEN SEHLEN ZUM DROST« ein aufschlußreiches Stichwort. Denn wie beim Totenkreuz, das vielleicht Vorbild war, lag wohl der Hauptsinn eines Votivkreuzes für den Stifter in einer Art Vorsorge für das Heil seiner Seele im Jenseits. Diese Vorsorge entsprang und entsprach mittelalterlicher Jenseitsschau. Sie war von Sündenangst geprägt, der Angst vor dem Gottesgericht und seinen gerechten Strafen, die die Seelen der Verstorbenen im Läuterungszustand, dem

Beller Flurkreuz »ZUM DROST DER ARMEN SEHLEN«

Fegefeuer, nach der Glaubenslehre zu erwarten hatten. Aber man konnte vorbeugen. Ein zu Lebzeiten aufgehäufter Fonds guter Werke, so lehrte die Kirche, vermochte ebenso wie das Fürbittegebet die Leidenszeit im Fegefeuer abzukürzen. So war bereits im Mittelalter eine beliebte Erlösungshilfe die Stiftung eines Jahrestages. Der bedeutete, daß jährlich am Todestag des Stifters eine Messe gefeiert werden mußte. Hierzu bestimmten Adelige, vermögende Geistliche und reiche Bürger einen Teil ihres Besitzes testamentarisch einer Kirche oder einem Kloster. Der weniger Wohlhabende gab ein Stück Acker oder einen Weinberg. Die Kosten für die Messe wurden dann von den Zinsen des Vermögens gedeckt oder aus dem Ertrag des Bodens. Für diese Art Stiftung, ebenso für Gaben wie Altarsilber oder andere Gegenstände im Kultgebrauch, die als gute Werke für das eigene oder anderer Seelenheil verstanden wurden, hatte man den Begriff Seelgerät.

Auch die Christen im Norden, die Wikinger, schreckte das Fegefeuer. Ihr Seelgerät war im 11. Jahrhundert beispielsweise der Bau einer Brücke, die über morastigen Boden den Weg zur Missionskirche ermöglichte. Diese fromme Tat war es wert, auf Runensteinen erwähnt zu werden. Die bekanntesten »Brückensteine« stehen einander in Täby bei Stockholm gegenüber und markieren bis heute den Beginn einer solchen Sumpfüberführung. Das Schriftband im dekorativen schmalen Drachenleib schlängelt sich an der Peripherie der mächtigen Granitblöcke, die Mitte schmückt ein großflächiges Kreuz, es zeigt an, daß der Stifter Christ war. Übersetzt heißt der Text:

»Jarlabanke ließ diese Steine für sich selbst errichten, während er lebte, und er machte diese Brücke für seine Seele. Und ihm alleine gehörte ganz Täby. Gott helfe seiner Seele.« Jarlabanke war ein mächtiger Mann. Selbstbewußt und stolz trug er seine Bitte um Seelenheil vor.

Auch Votivkreuze sind Seelgerät, »DEN ARMEN SEHLEN ZUM DROST« errichtet, wie es die Inschrift von 1778 deutlich ausspricht. Die »armen Seelen« sind nach der Kirchenlehre die im Fegefeuer befindlichen Seelen, die in der Gnade Gottes starben und mit Sünden behaftet sind, die nicht zur Verdammnis führen. Im mittelalterlichen Volksglauben breitete sich ein Armer-Seelen-Kult aus, gegen dessen Ausufern Thomas von Aquin vergeblich anzugehen versuchte, wenn er predigte, beim letzten Gericht handele es sich um einen geistigen Vorgang. Katastrophen wie Pest-Epidemien förderten den Arme-Seelen-Kult. Er wurde begleitet von einer Fülle an Legenden und auch Berichten, die angeblich von armen Seelen selbst stammen sollten, die Lebenden erschienen waren. Sie schilderten die vielfältigen Fegefeuerqualen und erflehten Hilfe, die das fürbittende Gebet, die fürbittende Zuwendung des Meßopfers oder andere Stiftungen zu geben vermochten. Wenig Wohlhabende und Arme, denen aufwendige Jenseitsvorsorge nicht möglich war, konnten sich durch Aufnahme in eine Arme-Seelen-Bruderschaft behelfen. Die Satzung dieser Laienvereinigungen verbriefte ihnen das Fürbittegebet der sie überlebenden Mitglieder.

Bei den im Volksglauben existierenden Erlösungshilfen zeigte sich auch ein besonderer Zusammenhang zwischen Armen Seelen und armen Menschen. Um ihrer armen Seele willen teilten Wohlhabende Almosen an Arme aus, zum Beispiel Speisen und Brot, die sogenannten Seelenwecken. Von den Danksprüchen der Beschenkten erwartete der Geber eine Segenswirkung im Sinne der Verheißung Christi: »Was Ihr dem geringsten meiner Brüder tut, das habt Ihr mir getan.« Üblich waren auch Stiftungen von Badestuben, die »Seelenbäder« ermöglichten. In der Eifel ließ man Armen steinerne Ruhebänke, die »Räst«, »Rast« oder »Sitz« aufstellen, primitive niedrige Sitzbänke ohne Rücken- und Armlehnen aus Basaltlava. Daneben stand oft noch eine höhere »Räst« zum Absetzen von Traglasten, die auf dem Kopf balanciert wurden. Es waren meist Frauen, die Obst, Gemüse und Eier über Land zum nächstgelegenen Markt trugen, die diese »Räst« benutzten. Manchmal setzte der Stifter dann noch ein Wegekreuz da-

Brückenstein in Täby bei Stockholm vom 11. Jahrhundert

zu, wie die »JUNGFER M. JERTRUT SACHELS« 1821 in St. Johann. Heute ist das Dreierensemble verschwunden.
Das gestiftete Kreuz sollte um Fürbittegebete werben. Nicht selten ließ es der Stifter darum so aufstellen, daß dereinst der Trauerzug mit seinem Leichnam auf dem Weg zum Friedhof an ihm vorbeikommen mußte. So waren ihm eine Vielzahl Gebete garantiert, wenn jeder, der den Trauerzug begleitete, beim Halt am Kreuz seiner Christenpflicht nachkam. Denn sie mußte, das war Brauch, nicht nur am Totenkreuz, sondern auch am Votivkreuz am Weg erfüllt werden. Eine inschriftliche Aufforderung, »BETTET FÜR DIE ARME SELEN IHM FEGFEU(er)« (an einem Kruzifix in Lönnig), findet man recht häufig, aber erst seit dem Ende des 17. Jahrhunderts und vor allem im 18. Jahrhundert. Vermutlich kam sie auf, nachdem die Selbstverständlichkeit des Fürbittegebets am Wegekreuz schon mehr und mehr geschwunden war. Noch in unserem Jahrhundert kann man lesen: »BETET EIN VATERUNSER FÜR UNSERE IM WELTKRIEG GEFALLENEN UND FÜR ALLE ARMEN SEELEN IM FEGEFEUER« (auf einem Kruzifix in Niedergondershausen von 1930).
Der Zusammenhang von Kreuzstiftungen, der gottgefälligen Tat und jenseitigem Seelenheil nach dem Motto »für irdische Gaben himmlischen Lohn« ist in einer Inschrift auf einem Kreuz im Taubertal von 1771 klar formuliert: »DIESES ZEICHEN DES KREUZES WIRD IM HIMMEL SEIN; WENN DER HERR KOMMEN WIRD ZU RICHTEN.« Das hätte auch auf den Votivkreuzen der Eifel stehen können. Hier heißt es dann ganz direkt: »GERHARD SCHINK, IOANNES MOLANUS GEBEN DIESES KREVTZ. GEBT, SO WIRDT EUCH GEGEBEN. LUC(as) 6.« Dieses barocke Prozessionskreuz einer Mayener Werkstatt steht im Nettetal am Niederrhein. Es offenbart mit dem Lukaszitat neben Gottvertrau-

»Räst« am Burgerhaus

en auch die Vorstellung vom Lohngedanken, ein gewisses Nützlichkeitsdenken, das in den Volksglauben, der zum Verdinglichen neigt, stets einging.
Die auf den Himmel gerichtete Perspektive der Kreuzstiftungen schloß den Wunsch nach Dauerhaftigkeit, nach Unvergänglichkeit ein. Ihm entsprach die Wahl des Materials. Eifeler Basaltlava ist dauerhaft. »BIS AN DAS ENT DER WELT ...« heißt es auf einem Votivkreuz in Kell, das Jacob Plasweiler »DEN 8. IANU(ar) 1677« errichten ließ. So lange, weit über seinen Tod hinaus, wollte er, sollte seine Stiftung bestehen und für ihn und seine Eltern wirken. In diesem Sinn sind alle Kreuzstiftungen zu verstehen. Jacob Plasweilers Stiftung umfaßte weit mehr als nur das Kreuz. Wie die wohl längste Inschrift auf einem Eifeler Kreuz, die sämtliche Flächen zudeckt, aussagt, hatte er ein genau bezeichnetes Grundstück von 24 Reichstalern gestiftet. In seiner präzise vorgeschriebenen Ertragsnutzung kehren dann einige der seit dem Mittelalter beliebten Erlösungshilfen wieder. So ordnete er an: Lesen einer Messe, Abbrennen von Wachskerzen und Almosen für die Armen, und es sollten diese Wohltaten im Rhythmus von drei Jahren wiederholt werden »BIS AN DAS ENT DER WELT«. Seine Bitte um Gottes Gnade stellt auf dem Votivkreuz eine Ausnahme dar, auf Toten- und Grabkreuzen war sie dagegen üblich, »DSGG« heißt es dort, »Der Seele Gott gnade«. Jacob Plasweilers Kreuz steht heute in der Grünanlage vor der Keller Kirche, die erst 1903 gebaut wurde. In ihrer Stützmauer hatte sich das Kreuz befunden. Seinen ursprünglichen Platz, der das angegebene, gestiftete Land bezeichnet haben muß, kennt heute niemand mehr. Einziges Ornament auf der Vorderseite sind Schädel und Knochen Adams. An der Rückwand sitzt ein Reliefstern. Hier der vollständige Text:

Frauen bei einer »Räst«, Ausschnitt einer Plastik von Paul Milles

Vorderseite:
»MAR(ia). IHS. I(ose)PH, GOT VATER, SOHN VND H. GEIST WOLLE(n) MIHR, IACOB PLASWEILER GNATIG SEIN. THOMAS PLASWEILER VNDT GRETA BIM: GOTT WOLLE DIESEN MEINEN ELTEREN GNADIG SEIN. AHN GOTES SEGEN IST ALLES GELEGEN. – VON DER ABNVTZUNG DIESER PLATZEN SOLLEN DAS ERSTE JAHR MESSEN GEHALTEN WERTE, DAS ZWETTE IAHR SOLLE ZVR EHREN GOTTES DAVON ZVE OBERDVRRENBACH IN DIE CABEL (Kapelle) WAX GEBRANT WERTEN, DAS TRITTE IAHR SALLE DIE ABNVTZVNG UMB GOTTES WILLEN DEN ARMEN LEUTEN ANGEWENT WERTEN. DAS VIERT IAHR WIETER MESSEN VUNT ALSO FORT WIE OBEN GEMEIT« ...

Rückseite:
»1677 DEN 8. IANV(ar) BIS AN DAS ENT DER WELT. DIESE GEM(elt)E PLATZ HABE ICH, IACOB, GEKAVFT, VON ALLEN BESCHWERNVS FREY, VON MEINEM PATTEN IACOB SCHOMACHER VOR 24 REICHST(aler). DESE PLATZ LIGT VBER DEM BACKES-BUNGERT, GEHET FORT BIS AN DEN GEMEINEN WEG. WER DIESE PLATZ BRAVCHT, SOL IAHRLICH DAVON GEBEN WAS BILLIG IST.«

An den Schmalseiten der Kreuzbalken sind dann noch die Heiligen »S. IACOBUS, S. CASBER, S. BALTASAR, S. MELGERT, S. IOHANNES BAPTISTA« aufgeführt. Wie der Dialekt auf die Rechtschreibung abfärbte, kann man an dieser ausführlichen Inschrift gut ablesen. In der uneinheitlichen deutschen Orthographie hielt sich die Richtung nach dem Motto: »Schreibe, wie Du sprichst« (Adelung, 18. Jahrhundert) lange, Kreuzinschriften bezeugen es. Erst 1879 und 1880 erschienen offizielle »Regelbücher«, die dann allmählich angenommen wurden.

Text auf der Rückseite von Jacob Plasweilers Kreuz ... »BIS AN DAS ENT DER WELT«

Inschrift, Formel, Widmung

Die wortreiche Inschrift ist im Eifeler Raum eine Ausnahme. Kargheit zeichnet die Texte auf Basaltlavakreuzen in allen Jahrhunderten aus. Häufig ist einzig der Name des oder der Stifter genannt. Seine Einschreibung war, so scheint es, wesentlichster Bestandteil im Kultakt der Kreuzerrichtung, denn sie verband Stifter und Stiftung untrennbar miteinander und konnte die Hoffnung auf Gedenken der Nachwelt möglich machen. Die Einschreibung des Namens bedeutete auch im wörtlichen Sinn: der Stifter hat sich Gott verschrieben. Das drückt sich in der Widmung an Gott aus, zum Beispiel auf einem Keller Kruzifix: »1679 NICKIAS KNOL UND SEINE HAUSFRAW CATREIN ZUR EHREN GOTTES.« Auf unzähligen Kreuzen kehrt diese Zueignung wieder, dann heißt es: »IN G(ottes) EHR«, »ZUR DER EHR GOTTES«, »IN EHR GOTES«, »GOT ZU EREN«, »ZU GOTTES EHR«, »GOTT IST DIE IHR«, »IN DIE EHR G(ottes)«, »GOT ALEIN DIE EHR UND NIEMAND MEHR.« Viel seltener gelten Widmungen auch noch der Gottesmutter wie auf dem Kruzifix in Brohl am Rhein: »AO 1680 MATTEIS WEINGER V(nd) SHF CATREINA, ZUR EHREN GOTTES UND MARIA.« Heilige werden häufig zum Schutz angerufen, während Widmungen wie diese Ausnahme sind: »1679 HAT NICKLAS KNOL VND SEINE EHELICHE HAUSFRAW DIS † GESETZ IN DIE EHR GOTTES UND ALEN HEILIGEN.« Das Wort Kreuz wurde hier durch das platzsparende Kreuzeszeichen ersetzt. Die Inschrift gehört zu dem Kruzifix in Kell, das an der Laacher Straße Ecke Reuser Weg steht, seine Beine sind abgeschlagen. Es ist wie das eben erwähnte Kreuz mit der gleichen Jahreszahl 1679 auch von den Eheleuten Knol errichtet worden, die sich also als großgebiges, wohlhabendes Stifterpaar erweisen. Sogar ein drittes Kreuz trägt ihre Namen (diesmal »CLAS KNOLLEN« und »KETTREIN«), es führte 1646 die Reihe ihrer frommen Werke »IN EHR GOTTES« an und steht im Jakobstal am Hof Heinemann unter einem Holunderbusch.

Noch vor dem Namen wies den Stifter seine Hausmarke am Kreuz oder Schöpflöffel aus, meist geometrische Zeichen zur Markierung von Besitz und, wie hier, zur Identifikation der Person. Sie blieb auch nach Beginn der Inschriften in allen Jahrhunderten erhalten, sozusagen als zusätzliche Erkennungsmarke. Demselben Zweck diente auch die Nennung des Herkunftortes: »AO 1639 WELLEM ROESER SEIN HAUSFRAU ANGNEIS, ZU POLCH.«

Beim Lesen der Inschriften fällt auf, daß nach der Namensnennung der Stiftungsakt, die Kreuzerrichtung, bezeugt und damit betont wurde: »AO 1644 HAT PETTER NEL V(on) IHNNIG V(und) SEIN HAUSF(rau) MARRY DIZ CREUTZ L(assen) M(achen)«, heißt es auf einem Kruzifix mit Kelchengeln bei der Fraukirch. Dabei kehren stets dieselben stereotypen Worte wieder: »HAT DIES CREUTZ MACHEN LASSEN«, »GEGEBEN«, oder »AUFRICHTEN LASSEN«. Der Charakter einer Kultformel wird noch durch Abkürzungen wie im ersten Beispiel mit »M« und »L« für machen und lassen unterstrichen. Die Zeitgenossen wußten sie selbstverständlich ohne Schwierigkeit zu deuten.

Schon die Römer ...

Die formelhafte inschriftliche Bezeugung frommer Stiftungen – Nennen des Namens und Stiftungsaktes – war allgemein verbreitet. Für Nordeuropa können das Runensteine belegen. »Jarlabanke hat diese Steine ... errichten lassen ...« Aber auch schon in vorchristlichen Kulten führte derselbe Grundgedanke, sich der Gottheit und den Menschen »kundzutun«, zu sehr ähnlichen, gestanzten Äußerungen. In der Eifel sind viele Votivsteine erhalten, die die Römer ihren heimischen Gottheiten errichteten. Sie sind aus Mayener Basaltlava und könnten, wären sie nicht heidnisch, wie Vorläufer der christlichen Votivkreuze anmuten. Hier die Inschrift eines solchen römischen Votivsteins aus den Sammlungen des Eifeler Landschaftsmuseums in Mayen: »M DO CASSIUS FORT VSIM.« Nur der Vorname des Stifters erscheint vollständig ausgeschrieben, alle anderen Worte wurden abgekürzt,

Römischer Votivstein aus der Sammlung des Eifeler Landschaftsmuseums

Römischer Grabstein aus der Sammlung des Eifeler Landschaftsmuseums

schrumpften zur Formel, die damals jedem geläufig war. Ausgeschrieben lautete der Text: »Matribus Domesticis Cassius Fortunatus Votum Solvit Libens Merito«, und in der Übersetzung: »Den heimischen Matronen löst Cassius Fortunatus sein Gelübde gern und gebührend ein.« Matronen bedeuten hier Muttergottheiten.
Die Votivsteine der Römer sind noch heidnischen Ursprungs, ebenso ihre Grabmonumente. So liest man auf einem Grabstein aus Basaltlava, der in Mayen gefunden wurde: »D M AMMUNIO ADNAMATO DEF RESTIA CONIUX F C.« Dasselbe hieße ausgeschrieben: »Diis Manibus Ammunio Adnamato Defuncto Restia Coniux Faciendum Curavit«, und in Übersetzung: »Den göttlichen Manen (Totengottheiten). Für den verstorbenen Ammunius Adnamatus hat Restia, seine Frau, (ergänzt: das Grabmal) machen lassen.« Außer solchen gibt es zahlreiche spätrömische Grabsteine, die bereits christliche Aufschriften tragen – das Christentum kam durch römische Kaufleute und Soldaten an den Rhein und in die Eifel. So heißt es zum Beispiel auf einem Bopparder Exemplar (heute Karmeliterkirche) vom Ende des 4. oder Anfang des 5. Jahrhunderts in der Übersetzung aus dem Lateinischen: »Hier ruht in Frieden der unschuldige Diener Gottes Armentarius. Er lebte vier Jahre und acht Monate. Seine Eltern Berancio und Eucharia haben den Grabstein gesetzt.« Unter den Text ist das griechische Christusmonogramm XP (von ΧΡΙΣΤΟΣ) geritzt, und dazu versinnbildlichen zwei Tauben den Frieden des heiligen Geistes.
Auch aus fränkischer Zeit, im 6., 7. und 8. Jahrhundert, gibt es Grabsteine, deren Inschriften mit den Worten beginnen: »Hic in pace requiescit« – »Hier ruht in Frieden«, ein Beweis, daß der Tote Christ war. Christentum und christliche Totenbräuche, die eine seßhaft gebliebene romanische Bevölkerung nach Abzug der römischen Truppen beibehalten hatte, waren auch von einge-

drungenen Franken übernommen worden. Frankenkönig Chlodwig ließ sich im Jahr 496 taufen. Parallelen zu den seit Mitte des 16. Jahrhunderts datierten Basaltlavekreuzen sind offensichtlich. Die Formel »RIP« (requiescat in pace = er möge in Frieden ruhen) findet sich zum Beispiel auf vielen Toten- und Grabkreuzen ebenso wie ein Christusmonogramm oder die Darstellung von Tauben. Noch 1945 erhielt der verunglückte Peter Luxem aus Thür ein Kreuz, auf dessen Querbalken Tauben – Symbol des heiligen Geistes – sitzen. Dennoch läßt sich eine direkte Tradition des Totenkultes, die die spätrömische mit der spätmittelalterlichen Zeit verbinden könnte, nicht ableiten. Denn zwischen den fränkischen Gräberfeldern mit christlichen Symbolen an den Steinen und den errichteten Toten- und Grabkreuzen aus Basaltlava mit Inschriften klafft eine viele Jahrhunderte lange Lücke. Und der Sinn der ältesten, aber inschriftlosen Flur- und Wegekreuze ist unerschlossen. Ebensowenig läßt sich eine Kontinuität zwischen dem römisch-heidnischen Brauch der Votivsteinsetzung und den spätmittelalterlichen christlichen Votivkreuzen und Schöpflöffeln nachweisen, wenn auch Ähnlichkeiten vorhanden sind.

Mahninschriften

Wir halten fest, daß bei Inschriften an Kreuzen und Schöpflöffeln der Name des Stifters als am wichtigsten erscheint und oft kein weiteres Wort eingemeißelt ist; daß außerdem bei einer Vielzahl von Kreuzen der Stiftungsakt formelhaft bestätigt wurde und Widmungen »IN GOTTES EHR« häufig vorkommen. Eine weitere größere Gruppe von Kreuzinschriften äußert den Sinn dieser Stiftungen als Seelgerät mit der Aufforderung: »BETET VOR DE ARME SELEN« (Kruzifix von 1743 in Alken), oder: »ZUM ANDENKEN AN STEPHEN GROS UND ANNA BELL ZUM TROST DER ARMEN SEELEN IM FEGEFEUER. 1857« (in Mimbach).
Alle diese Komponenten bis auf die Widmung »IN GOTTES EHR« enthält der Wortlaut

Schöpflöffel von 1699 in Niederdürenbach

auf einem Schöpflöffel in Niederdürenbach und dazu, an erster Stelle, eine Mahnung an den Menschen, sich der Leiden Christi zu erinnern. Damit reiht sich dieser Text in die bedeutende Gruppe der Mahninschriften auf Wegemälern ein. Sie kommen meist in Spruchform vor und sind sich seit ihrem imposanten Auftakt auf den Schöpflöffeln des CLAIS BELIGEN durch alle Epochen bis ins 19. Jahrhundert nahezu gleichgeblieben: fast immer weisen sie auf die Passion hin, auf das Erlösungsopfer Christi. Die Passionsfrömmigkeit hatte ihre Wurzeln noch in der mittelalterlichen Leidensmystik im Gefolge der Kreuzzüge.
Hier der Text des Niederdürenbacher Schöpflöffels, der in die rechte Außenseite des Nischenkopfes in vergleichsweise kleinen Buchstaben geritzt ist. Das war möglich, weil das Material nicht Basaltlava, sondern der weichere, hellbraune Tuff ist. Im Kerngebiet der Basaltlavamäler steht auch die Aussage des Tuff-Schöpflöffels für das Zeitempfinden:

»1699, 24. MEI. O MENSCH GEDENCK AN GOT, DER FVR DICH GELITEN HAT. DER HER FUR VBER GEIET, VND HER FVR NIDERKNIT, VND HER FVR TRIT: FVR DIE ABGESTORBEN BIT. DAS CREVX HAT DIE GEMEIN GESTELET ALEIN. O MENSCH HALT DICH REIN.«

Nach der Mahnung zum Gedenken an Gottes, Christi Leiden, wird der hier Vorübergehende also aufgefordert, niederzuknien und für die Toten zu beten. Noch bis in die dreißiger Jahre unseres Jahrhunderts war in der Eifel Niederknien vor einem Kreuz Brauch. Interessant ist die Benennung des Stifters, diesmal keine Einzelperson oder ein Ehepaar, sondern »DIE GEMEIN ALEIN«, also eine Gruppe. Damit wird wahrscheinlich die Filialgemeinde Niederdürenbach gemeint, die damals wie heute keine eigene Kirche hatte und mit den Nachbardörfern Oberdürenbach und Hain zur Pfarrkirche in Niederzissen gehörte (seit 1920 zu Oberzissen). Dorthin zogen die Gläubigen zum sonntäglichen Pflichtgottesdienst. Aber nebenher führten diese Dörfer auch ein religiöses Eigenleben und tun das bis heute. Und so ist dieser Schöpflöffel an der Brohltalstraße sicher ohne Unterstützung der übrigen Pfarrei, »ALEIN« von den Niederdürenbachern aufgestellt worden.

Das Schlußwort seiner Inschrift, »O MENSCH HALT DICH REIN«, knüpft dann wieder an ihren Anfang an: zur Mahnung an Christi Leiden, die der Mensch durch seine Sünden erneut mitverschuldet, gehörte untrennbar, ausgesprochen oder nicht, die Aufforderung: Tu Buße, laß ab von Sünden! »HALT DICH REIN.« Diesen Zusammenhang, an den das Kreuz mahnt, schilderte der Jesuit Friedrich von Spee in seinem 1649 in Köln erschienenen »Güldenen Tugend-Buch für alle Gottliebenden, andächtigen frommen Seelen«. In seiner Betrachtung über die Bedeutung des Wegekreuzes schrieb er: »... Hie oben am Creutz ist pein und leyden! Hie oben am Creutz wil Got verscheyden: den todt unschuldig muß er leyden. Wan wil tu Mensch die sünden meyden? ...«

Die Mahnung der Spruchinschriften kann der Vorübergehende in eindringlichster Form erfahren, so als spräche Christus selbst: »O MENSCH GEDENCK, DAS ICH MEIN PLOT FUER DICH VERGOSSEN HAP« (Kreuzschaft in Klotten, 17. Jahrhundert), oder: »1725 BEDENCK O MENSCH, WAS ICH FÜR DICH GELITEN HAB« (Kreuz in Düngenheim). Auf einem Riedener Kelchengelkreuz heißt es: »AO 1663. O HOFFIRDIGER MENSCH, LEIGNIR (verleugne) DEIN STVLSES HERZ, AVF DAS ES DIR NIT BRINCK EIN SCHMERTZ, V(und) BEDENCK, WAS ICH V(ür) DICH GELIEDE HAN EINE SCHMEHLICHEN DOT. CORNELIVS LANENBAN.« Derselbe Stifter ließ im selben Jahr noch ein Kreuz errichten, am Pilgerweg von Rieden nach Fraukirch: »AO 1663 O MENSCH SIG AN MEIN SCHMERTZ UF EIN SCHMERTZ G(leich) SEY. CARNILLIS LANGENBAN«. Dieser Text verbindet Eifeler mit Kreuzinschriften aus allen deutschen Landschaften; er war weit und breit das beliebteste Zitat. Es stammte aus einem Gebet der Kreuzwegandacht, das aus dem auf Christi Passion übertragenen 12. Vers des ersten Klageliedes des Jeremias im Alten Testament entstand. Er gehört zu den wenigen bekannten Vorlagen zu Inschriften und lautet vollständig im Original: »Euch allen, die ihr vorübergehet, sage ich: ›Schaut doch und seht, ob irgendein Schmerz ist wie mein Schmerz, der mich getroffen hat; denn der Herr hat Jammer über mich gebracht am Tage seines grimmigen Zorns.‹« An den Eifeler Kreuzinschriften erkennt man leichte Abwandlungen vom Jeremias-Original. Das muß einen nicht wundern, wenn man bedenkt, daß weder Auftraggeber noch der Ausführende das Lesen und Schreiben beherrscht haben müssen. Der von Kurfürst Johann Hugo von Orsbek (1676 – 1711) eingeführte allgemeine »Schulzwang« war im Laufe der Zeit »wieder in Vergessenheit geraten«, wie es in einer Eifeler Kulturgeschichte schlicht heißt. Auch die Anstrengungen, die der Trierer Kurfürst Clemens Wenzeslaus hundert Jahre später im Unterrichtswesen unternahm, sollen wenig Beachtung gefunden haben. Erst um die Mitte des 18. Jahrhunderts kam es zu einem allgemeinen Aufschwung der Volksschulen. Abgeschiedenheit und Armut reihten die Eifeler unter die Schlußlichter allgemeiner Entwicklungen ein. In einem Visitationsproto-

Kruzifix von 1814 in Thür

koll von 1785 über die Schulverhältnisse in Niedermendig heißt es zum Beispiel: »Der Lehrer ist fleißig, die Kinder können lesen und schreiben, aber nicht rechnen. Die 7- bis 10jährigen besuchen nur im Winter die Schule. Die Tafel fehlt. Der Pastor würde gern in der Schule unterrichten, doch der Raum wäre ungesund, weil darunter der Gemeindebackofen läge.«
Zurück zum Jeremias-Zitat! Es kann nach dem Hörensagen, ohne Vergleich mit der Bibelstelle von jemandem aufgeschrieben und dann auf das Kreuz übertragen worden sein. Fehlerquellen gab es zu Hauf. Auch mochte mancher Stifter aus Kostengründen eine improvisierte Kurzfassung vorziehen. Hier noch drei Beispiele des Jeremias-Zitates, der »grimmige Zorn« wurde stets weggelassen, er paßte nicht ins Konzept: »1754. O IHR ALLE, DIE IHR AVF DEM WEEG FVRVEBER GEHET, BETRACHTET DOCH VND SEHET, OB EIN SCHMERTZEN SEI, DER MEINEM SCHMERTZEN GLEICHE« (Dünfus).
»DIE DEN VEG VORBEI GEHN, SIEHET UND MERCKET DOCH OB AVCH EIN SCHMERTZ SEY, DER MEINEM SCHMERTZ EIN GLEICH WAER.« (Kruzifix mit abgeschlagenem Körper am Weg von Monreal nach Cond).
»1814. (O ihr al)LE DIE IHR VORUBERGEHET, SEHET. OB AUCH EIN SCHMERZ MEINEM GLEICH SEY« (Kruzifix in der Bahnhofstraße von Thür).
Es kommen auch Mahninschriften vor, die in Spruchform so abgefaßt sind, als spräche sie der Stifter. Im folgenden Beispiel, auf einem Kreuz in Kehrig zu lesen, könnten die beiden ersten Zeilen vielleicht auf den 11. Vers im Klagelied des Jeremias zurückgehen, der heißt: »Ach Herr, sieh doch und schau, wie verachtet ich bin!«
»1835. O CHRIST BETRACHT, WIE JESUS IST VERACHT. DIE LIEBE ZU UNS HAT IHN AN DAS KREUZ GEBRACHT. GEBR(üder) ACHT, PETER ACKERMANN UND SEINE EFRAU JKR.«
Auf einem anderen Kehriger Kreuz liest man: »1759 O MENSCH BETRACHT, WARZV DEIN IESVS IST GEBRACHT.«
Auch an einem hohen Nischenmal mit bekrönendem Kreuz an der Autostraße durch den Wald von Bad Tönnisstein nach Burgbrohl wird an die Liebe Gottes im Kreuzestod Christi erinnert:
»1624 SCHAVET DAS CREUTZ DAS H. HOLZ, AN WELCHE DAS HERTZ CHRISTI VOR LIEBE ZEHRSCHMOLTZ. IOHAN PETER HALBACH.«
Das Leiden Christi ist zwar noch Thema auch der beiden folgenden Texte, sie sind aber nicht in Spruchform abgefaßt:
»O CHRISTE JESU, DER DU MIT GENEIGTEM HAUPT FÜR UNS AM KREUZ GESTORBEN BIST.« Wie zur Illustration dieses Textes von 1787 hat der Kreuzemächer Christus mit besonders zur Seite geneigtem Haupt modelliert. Das Kreuz steht neben einem Jasminbusch in Obermendigs Fallerstraße. – In Kehrig kann man lesen: »1817 D(ies) CRE(uz) IST ZU EHRE(n) D(er) LEIDEN J(esu) CHRISTI HERGESTELLT VON JOSEPH D(i)WALT.«
Ein Spruch, der auf einem Schöpflöffel an der Straße unmittelbar vor Hain zu finden ist, bringt knapp und deutlich die Mahnung, die seit dem Mittelalter noch weit in das 17. Jahrhundert hinein nachhallte. Diesseits und Jenseits begegnen sich, eine Verbin-

... »MIT GENEIGTEM HAUPT« ... Kruzifix in Obermendig

Schöpflöffel vor Hain

dung zu den Totenkreuzen wird deutlich: »O MENSCH BEDENCK DAS ENT, VON GOT DEIN HERT NIT WENT.« Die Jahreszahl ist 1600 oder 1616. Auch formal ist dieser Schöpflöffel imposant mit seinen wie zu einem Turm verbackenen vier kompakten Kreuzen, die die spitzgiebelige Nische in den vier Himmelsrichtungen überragen. Diese Art von Kreuzbekrönung ist sehr selten. Nach dem Volksglauben sollte sie am Dorfeingang nach allen Seiten hin Schutz und Abwehr garantieren, Böses fernhalten. Zu dem großen Eindruck, den der Schöpflöffel hinterläßt, trägt auch sein reizvoller Standort am Fuß der Burg Olbrück bei. Die Sicht von hier über das Brohltal reicht weit über Niederdürenbach hinaus. In Oberzissen gibt es einen ganz ähnlichen Schöpflöffel mit der Jahreszahl 1599. Bei gutem Wetter kann man ihn von Hain aus sehen.

Abgötterei und Reformation

Eine Mahnung in Spruchform ganz anderer Art liest man auf einem Schöpflöffel an der Straße zwischen Nickenich und Eich. Sie spiegelt eine Reaktion der katholischen Kirche auf die reformatorische Glaubensbewegung. So wird das Wegemal hier zum Zeichen, das indirekt noch an die Glaubensspaltung erinnert (1517 veröffentlichte Luther seine 95 Ablaßthesen, 1555 wurden die Lutheraner im Augsburger Religionsfrieden vorläufig anerkannt, und die reformierte Kirche schließlich 1648 im Westfälischen Frieden). Um die Nische herum stehen die Worte: »O GOT BIS UNS SUNDER GE(na)DIECH, 1590«, und auf dem Schaft heißt es dann: »NIET BIEDT AIN DIESEN STEIN, GIEB GOT DIE IERR ALLEIN« (= Nicht bete an diesen Stein, gib Gott die Ehr allein). Zwar hatte die Eifel, gestützt auf die Säulen Köln, Aachen, Trier und seine Klöster im großen und ganzen – mit Ausnahme von Schleiden – seinerzeit den Protestantismus abgewehrt. Das Gebiet der Basaltlavakreuze behielt das römisch-katholische Bekenntnis und blieb auch von Bildersturm und Zerstörung der Wegekreuze bewahrt, während andere deutsche Kreuzlandschaften verwüstet wurden. Aber in der Auseinandersetzung mit der protestantischen Glaubensbewegung, mit der Kritik der Reformatoren und aus den eigenen Reihen, die die katholische Kirche dann selbst in ihrer »inneren Erneuerung« annahm und umsetzte, wurde die Eifel beileibe nicht ausgespart.

Davon zeugen Wegekreuze und Schöpflöffel, die sich mit ihren Inschriften erzieherisch gegen Abgötterei, die Fetischisierung des Abbildes Gottes im Volksglauben, wendeten: »1662 O MENSCH SC(h)AU(e) AN DIESEN STEIN UND GEBE GOT DIE EHR ALLEIN« (auf einem Nischenmal mit bekrönendem Kreuz in Hausen). Dieselbe Mahnung kehrt ausnahmsweise auch einmal in Latein wieder, der Sprache der Kirche, aber nicht des Volkes. Die wenigen lateinischen Inschriften sind meist von oder für einen Geistlichen eingeschrieben worden:

»EFFIGIEM CHRISTI CVM TRANSIS PRONVS HONORA, NON TAMEN EFFIGIEM SED QVEM DESIGNAT ADORA. 1629.«

Die Sommerreise des kleinen Mannes

Mißstände und Mißbräuche, angefangen vom Wunder- und Aberglauben des Volkes bis hin zu Pflichtvergessenheit und Jagd nach Pfründen »einer heiratsbeflissenen Geistlichkeit« waren in der Eifel eher ausgeprägter als anderswo, auch weil sie, als arm, unterentwickelt und unwegsam verrufen, von kontrollierenden Visitationen der Bischöfe vernachlässigt worden war. Priester, die wie in ländlichen Gegenden üblich, zu ihrem Lebensunterhalt auch Bauern waren, entschuldigten Frau und Kinder damit, daß sie Acker und Vieh nicht alleine versorgen könnten, für Angestellte aber kein Geld hätten. Die Gemeindemitglieder akzeptierten ihren Priester dennoch: »Er ist einer von uns, predigt gut und kommt, wenn wir krank sind ...«, so etwa steht es in alten Visitationsakten, die das seelsorgliche und gottesdienstliche Leben auf den Dörfern wiedergeben.

Wundersucht, Zauberei und Aberglaube

Schöpflöffel von 1590, »NIET BIEDT AIN DIESEN STEIN...«

des Volkes hatten sich auch besonders am Allerheiligsten entzündet, das seit der Einführung des Fronleichnamsfestes dann bei Prozessionen mit hinaus ins Freie getragen werden durfte. So konzentrierte sich das Interesse der Bauern auf den Kultgängen durch die Fluren auf den sakramentalen Segen, dem magische Kräfte zugesprochen wurden, die der Magier, der Priester weiterreichte. Was sonst noch auf den Flurumgängen und Bittgängen alles möglich und üblich war, wurde in amtlichen Berichten als »Unzucht under dem gemeinen man mit volsaufen, fressen, slain, flochen, kiffen und balgen« ungeschminkt beklagt. Ein Bonner Theologieprofessor pflegte in seinen Vorlesungen solche Prozessionen, die sich damals über die Grenzen der Pfarrgemeinden hinaus und über den ganzen Tag ausdehnen und auch eine Nacht im Kornfeld einschließen konnten, sehr anschaulich »die Sommerreise des kleinen Mannes« zu nennen. Die Gläubigen mußten sich von den Strapazen des stundenlangen Weges erholen und stärken, sie zogen ins Wirtshaus. Tanz und Genuß von Alkohol mochten sich anschliessen, und zum Nachhausegehen war es dann schließlich oft schon zu spät. Das Allerheiligste stand unterdessen irgendwo vergessen herum. Verurteilungen solchen »Unwesens« und Verordnungen, die »das umblauffen durch das Korn« mit dem Sakrament verboten, waren die Folge. Manch ein Landpfarrer wird jedoch unter dem starken Druck seiner Gemeinde die festeingefahrene Tradition dennoch fortgeführt haben, schon um nicht für Mißernte verantwortlich gemacht zu werden. Insgesamt nahmen aber die Sakramentsprozessionen ab, und die Krankensalbung wurde nur noch selten erbeten.

Dem großen spätmittelalterlichen Aufschwung des religiösen Lebens mit der Verehrung des Allerheiligsten im Mittelpunkt folgten nun in den Zeiten der reformatorischen Wirren Unsicherheit und ein ängstliches Abwarten im Ausüben frommer Bräuche, vielfach ihr Abbruch. Dazu gehörte in der Eifel, daß Stiftungen von Schöpflöffeln, die ja dem Ritus oder Sakramentsprozessionen dienten, ausblieben.

Aufschwung, Unzucht und Ketzer

Etwa 60 Jahre hielt diese Zurückhaltung an. Ihr Ende markierte das »Hagelkreuz« von Kottenheim von 1582, das im Schnittpunkt seiner Kreuzbalken zu einer großen Nische ausgehöhlt ist. Diese Nische war ein Beweis, daß das Allerheiligste bei Prozessionen wieder umgetragen werden durfte. Das Startzeichen dazu hatte das Konzil von Trient (1545 – 1563) gegeben. Es war mit seinen dogmatischen Lehraussagen die Antwort der katholischen Kirche auf die Reformation und Grundsteinlegung zu ihrer »inneren Erneuerung«, die man auch die »katholische Reform« nennt. Sie führte in einem langwierigen Prozeß, der sich auf dem Lande noch verzögerte, über ein neues Selbstbewußtsein zu ungeahnter Erstarkung katholischen kirchlichen Lebens und der Volksfrömmigkeit. Die Impulse dazu kamen vom Kernstück der Lehren des Trienter Konzils, nämlich der Bestätigung der realen, bleibenden Gegenwart Christi in den vom geweihten Priester verwandelten Gestalten von Brot und Wein. Im Gegensatz dazu vollzog sich für Luther die reale Gegenwart des Leibes und Blutes Christi nur während des Abendmahls, in dem Augenblick des Empfangens von Brot und Wein (für Calvin waren sie nur noch Symbol). Aufbewahrung und Anbetung der verwandelten (konsekrierten) Hostie verwarf Luther. Weiter bekräftigte das Konzil die Verehrungswürdigkeit der Heiligen und, was besonders für Stiftungen auch von Kreuzen Bedeutung hatte, die Lehre von der Verdienstlichkeit der guten Werke, die Luther als Werkgerechtigkeit bekämpft hatte.

Das war der religiöse Hintergrund, vor dem die Kreuzstiftungen in der Eifel ihren Gipfel erreichen sollten. Das Barockzeitalter, das 17. und 18. Jahrhundert, bescherte die meisten und schönsten Kreuze. Die neue mächtige Welle der Verehrung des Allerheiligsten ließ Sakramentsprozessionen aufleben und regte damit die Errichtung von Nischenmälern, Schöpflöffeln und Prozessionskreuzen wie das Hagelkreuz von Kottenheim an. Aber auch Stiftungen von Vo-

Das Hagelkreuz von Kottenheim

tivkreuzen ohne Nische, ohne Konsole oder Tischchen für die Monstranz nahmen nach dem alten Motto »für irdische Gaben himmlischen Lohn« sehr zu. Bekennerische Demonstration Protestanten gegenüber fiel dabei in der rein katholischen Eifel weg.
Zum Aufblühen des religiösen Lebens, das sich verschütteter, mittelalterlicher Bräuche entsann, gehörte auch ein Erstarken der Bruderschaften, die die Frömmigkeit der Laien durch Andachten meist zu Ehren der Leiden Christi förderten. Bedeutend war die Todesangst-Christi-Bruderschaft. Das Erlebnis der Pest, die die Rheinlande und Eifeldörfer noch im 17. Jahrhundert verheerend heimsuchte, verschaffte dieser Bruderschaft hier großen Zulauf. Denn mit der Pest ging Todesangst um, und im Sterben Christi am Kreuz suchte man ein stärkendes Vorbild und Trost für die einst kommende eigene letzte Stunde. »Lebet gut, damit ihr nicht schlecht sterbet!« Auch diese Mahnung des Augustinus ging in die Andachten ein, so wie sie zwischen den Zeilen auf Inschriften der Flur- und Wegekreuze wiederkehrte und bildlich in der nun immer beliebter werdenden Darstellung des Gekreuzigten an ihnen. So wurden die Kreuze am Weg oft in Andachten einbezogen.
Die Durchsetzung des Trienter Konzils zur Beseitigung der Mißbräuche in der alten Kirche dauerte sehr lange. Am Ende des 16. Jahrhunderts war es für einen Prediger noch gefährlich, sich offen gegen populäre Kultformen zu wenden, die auch die Reformatoren kritisierten. Zum Beispiel mußte der Jesuit Stephan Isaak an der Maria-Ablaß-Kirche Köln verlassen, nachdem er von der Kanzel herunter gesagt hatte, daß bei Prozessionen »unsere Töchter sich nur schön herausputzten, um Freier« zu bekommen, »es werden also mehr fleischliche Lüste und böse Begierden, als Andacht und Gottesfurcht geweckt, und es geschieht, daß wir dadurch mehr dem Teufel, als Gott dienen«. Auf dem Feld daselbst würde »dann Schande, Unehre und Unzucht begangen, daß manchem sein Kind zur Hure gemacht wird«, so Isaak. Denen diese herben Worte galten, sie hatten den Abgang des Predigers erzwingen können. Eine Klarstellung, daß die Prozession keine Volksbelustigung unter Mitwirkung der Kirche sei, hielt das Kölner Directorium Synodale noch 1662, 100 Jahre nach dem Konzil von Trient, für nötig, indem es das Schmücken der Straßen und Aufstellen kleiner Altäre für die Fronleichnamsprozession gesetzlich vorschrieb.
In der Eifel wurden die Verhältnisse etwas gesitteter, nachdem die Jesuiten, die 1625 in Münstereifel ein Kolleg und Gymnasium eröffneten, ihre Volksmission der »fliegenden Seelsorge« mit Unterweisung und Gottesdiensten alle vierzehn Tage eingerichtet hatten und außerdem die Geistlichen besser ausgebildet waren und nicht mehr von auswärts, sondern aus der Eifel selbst kamen. So hatten sie größeren Einfluß. Doch Aberglaube und Fetischismus, Glaube an die Macht übertragbarer, unpersönlich wirkender Kräfte, die sich auch um Kreuze rankten, wurden nie völlig überwunden, selbst nicht nach der ziemlich hart durchgreifenden Aufklärung. Nach dem Studium der Inschrift des bekannten Niedermendiger »Ketzerkreuzes« (Thürer Straße) könnte man jedoch meinen, alles sei in bester Ordnung gewesen zu jener Zeit, so energisch wird darauf der Vorwurf der Abgötterei zurückgewiesen:
»1689. DIES BILT WIRD NICHT WIE GOT VEREHRET, WIE MANGER KETZER FALSCH LERT. ZEIGT VNS IESUM DEN GEKREVZIGDEN AN, WAS ER FVR VNS HAT GEDAHN, WAS ER AVS GNATDEN MILD, DEN V(er)EREN WIR, NICHT DAS BILT.«
»Ketzer« war seit der Reformation bei der römisch-katholischen Kirche die Bezeichnung für Protestanten.

Der Stifter und seine »BEITE WEIBER«

Das Ketzerkreuz stellte eine Rechtfertigung dar, der Schöpflöffel von 1590 wollte erziehen: »NIET BIEDT AIN DIESEN STEIN, GIEB GOT DIE IERR ALLEIN.« Ermahnungen erreichen den Passanten in den weitverbreiteten Spruchinschriften der Flur- und Wegekreuze. Hier wird die Absicht des Stifters deutlich, neben all seinen intimen, religiösen

Das Ketzerkreuz in Niedermendig vor Jahrzehnten

Anliegen auch in der Öffentlichkeit zu wirken. Diese Wirkung sollte jedoch weit über erzieherische Effekte hinausgehen. Die fromme Tat, das Aufstellen eines Kreuzes diente auch dazu, das Ansehen des Stifters bei den Zeitgenossen und der Nachwelt zu begründen oder zu festigen, es zu heben oder zu bestätigen. Der Stifter wollte sich Gott *und* den Menschen kundtun, indem er seinen Namen einmeißeln ließ. Das war bei Stiftungen von Vortragekreuzen mit Edelsteinen für Domkirchen ebenso wie bei den Eifeler Basaltlavamälern. In der Enge des Dorfes, wo jeder jeden kannte und häufig an dem Kreuz an Straße oder Feldweg vorbeikam, wird der Stifter da voll auf seine Kosten gekommen sein. Initialen oder auch die Hausmarke genügten selbstverständlich, anzuzeigen, wer er war. Glanz fiel dabei nicht allein auf ihn, sondern auf die gesamte Familie, sie empfand und empfindet noch heute Stolz auf ein Kreuz mit dem Familiennamen.

Der eingeschriebene Stiftername mit dem Zusatz »UND SEINE HAUSFRAU«, abgekürzt »SHF«, meint ebenfalls die gesamte Familie, und auch eine bereits verstorbene Frau wurde nicht vergessen. So ließ HENRICUS SCHLIEBER 1776 seine »BEYDE EHEFRAUEN MARIA ELESAPETA V(nd) ANGNITA REUTER« mit erwähnen, und auf einem Thürer Kreuz wurden des Stifters »BEITE WEIBER« aufgeführt. In der häufigen Erwähnung der Ehefraue mit ihrem Namen kommt auch zum Ausdruck, daß ihre Stellung im Bauernland Eifel durchaus festgelegt und nicht schlecht war. Zwar durfte sie noch bis in unser Jahrhundert hinein vielerorts weder eine Wirtschaft, noch die Kirmes besuchen, sie verfügte aber beispielsweise in der Westeifel über Milch-, Butter- und Eiergeld. Als ältestes Kind konnte eine Tochter auch den Hof erben.

Die ländlich-bäuerliche Bevölkerung der Eifel war sozial deutlich geschichtet. Wer ein Kreuz errichten ließ, gehörte nicht zu den Ärmsten, damals wie heute ist die Basaltlava ein teures Material.

Die einzelnen Teile des Eifellandes waren das Mittelalter hindurch bis zur Zeit der französischen Herrschaft (1794–1814) von großen und kleinen, geistlichen und weltlichen Machthabern beherrscht, mit den Kurfürsten von Köln und Trier und den Herzögen von Jülich an der Spitze, gefolgt von Grafengeschlechtern und Klöstern. Die Bewirtschaftung ihrer Grundherrschaften regelte das Lehnsrecht mit Abgabepflichten wie dem »Zehnten«, dem zehnten Teil der erbrachten Erträge an den Grundherren. Trotz der oft komplizierten Besitzverhältnisse, die die Bauern als Lehnsmänner und später auch als Pächter und Erbpächter mit Lieferungen von Naturalien belasteten – Eier und Hühner vom Hof, Korn vom Akker, Wein vom Wingert und Vieh von der Weide –, hatten viele ihr gutes Auskommen und manche sogar eigene Äcker, wenn auch nie Großgrundbesitz. Die Gelegenheit, Land zu erwerben, hatten die Bauern dann unter französischer Herrschaft, nachdem kirchliches Eigentum eingezogen, säkularisiert und seit 1802 zum Verkauf angeboten worden war. Doch aus Furcht, es könne ein Fluch auf dem ehemals klösterlichen Besitz liegen, zögerten viele mit dem Kauf.

Heute erstaunt es, daß ein Schäfer in vergangener Zeit so begütert sein konnte, daß er als Stifter eines prächtigen Kreuzes auftrat. Eines der schönsten Kreuze, das Waldescher von 1664, wird, wie wir aus der Dorfchronik erfahren haben, einem Schäfer zugeschrieben. Bis ins späte 19. Jahrhundert war er in der Eifel Gemeindehirt. Kost und Logis erhielt er reihum von den Bauern, bei denen er auch eigene Mutterschafe in Futter hatte. Zu seinem Lohn aus Flachs, Hanf, Leinen und Geld flossen ihm noch Erlöse aus Wolle und Jungtieren zu. Auch wurden seine Künste als Schlachter und Viehpläcker (Tierarzt) honoriert, so daß ein sparsamer Schafhirte nach ein paar Jahren ein gemachter Mann sein konnte. Die Eifeler Schafzucht war bedeutend.

Relativer Wohlstand scheint die Voraussetzung zur Errichtung eines Basaltlavakreuzes gewesen zu sein. Die Stifter, denen sich die Forschung bisher nicht widmete, stammten wohl meist aus der Mittel- und Oberschicht, denn arme Leute hatten kaum das Geld dazu. Wie auch in anderen Kreuzlandschaften pflegten sie die Tradition im Setzen von

Holzkreuzen, die im Hunsrück sogar überwiegen. In einigen Fällen konnten Zunftmeister als Stifter identifiziert werden. So präsentierte sich 1628 der »EHRSAMER MEISTER MEURER« als Geber eines Bildstockes in Niedermendig. Im Raum um Mayen, seit 1291 Stadt, und Mendig stand die Basaltlavaindustrie im Vordergrund als Lebensunterhalt. Händler und Grubenbesitzer, die großen Reichtum ansammeln konnten, sicher auch Steinmetzmeister und Handwerker, kommen in diesem Kerngebiet als Stifter in Betracht. In Bell gehörten die Backofenbauer zu den Wohlhabenden.

Kreuz und Kult, Magie und Zauber

Die Rolle, die ein Stifter öffentlich, in der Dorfgemeinde spielen konnte, hing mit den vielfältigen Funktionen des religiösen Wegemals zusammen. Handelte es sich um einen oder sogar vier Schöpflöffel, erhielt die Stiftung öffentlichen Charakter als Leistung für das Allgemeinwohl. Die private Gabe wurde zum Kultmal für alle. Denn sie stellte eine oder vier Stationen bei Sakramentsprozessionen dar, an denen der Priester das Allerheiligste abstellte und den Segen gab. Dasselbe traf für Prozessionskreuze zu. Das Flur- und Wegekreuz konnte daneben auch für jeden einzelnen ganz privat Stätte der Andacht, des Gebets sein. Scharen von Gläubigen diente es jahrhundertelang als Wegweiser oder Rastpunkt bei Prozessionen, besonders bei Wallfahrten. Die »heilige Wanderlust«, die Pilger im ausgehenden Mittelalter in die Ferne, nach Rom, Jerusalem und Santiago de Compostela brachte, hatte sich im Barock gewandelt. Nun lagen die Ziele, lokale Heiligtümer, näher, in der eigenen Region, und wurden eifrig besucht. Ein Hauptort für die Eifeler war Trier mit der alljährlichen Matthias-Wallfahrt. Im Gebiet der Basaltlavamäler waren Fraukirch, St. Jost, Barweiler und Ahrweiler traditionelle Wallfahrtsstätten und sind es bis heute geblieben. Auch nach Bornhofen, Valwig, Karmelenberg und Koblenz zogen Gläubige. Pilgerkreuze, oft durch einen Pilgerstab ausgezeichnet, zeugen noch davon, daß für manchen Pilgrim die Wanderung zum Gnadenort abrupt am Weg endete, »ALHIR IN DEM H(errn) ENTSCHLAFEN, GGDS, 1684«.

In den offiziellen, kirchlichen Prozessionsbrauch waren als Ziele der Hagelprozession (beschrieben in der Einführung) auch die Wetter-, Hagel-, Donner- oder Schauerkreuze einbezogen. Die Bestimmung »zur Bewahrung vor Blitz und Donner«, wie sie einige Inschriften nennen, konnte ein Flur- und Wegekreuz unabhängig vom Errichtungsanlaß erhalten, wenn es beispielsweise schon lange an seinem Platz im Feld gestanden hatte und dort nie oder nur selten Unwetter niedergegangen waren.

Im Volksglauben ging die Bedeutung eines Wetterkreuzes weit über seine Funktion als Station im offiziellen Kultgang mit Bitte an Gott um »gut Wetter« hinaus. Man schrieb ihm Kraft zu, Unwetter abzuwehren. Das klingt noch in der Bezeichnung »Wetter-, Donner-, Hagelkreuz« an. Wie anfangs erwähnt, gab es schon seit urchristlichen Zeiten beim Volk Vorstellungen von der apotropäischen (= abwehrenden) Kraft eines Kreuzes, die sich gegen Böses, Dämonen, Teufel und Geister zu richten vermochte. Das galt für jede Form des Kreuzes, für das Flur- und Wegekreuz, das aufgezeichnete Kreuz, das gesprochene Wort, oder das mit der Hand in die Luft geschlagene. Noch heute bekreuzigt man sich in der Eifel bei Gewitter.

In diesem alten Abwehrglauben, der in fast allen Kulturen Entsprechungen hat und der den Monotheismus unterhöhlen will, mengen sich unterschiedliche Elemente. Zu der christlichen Vorstellung von der Kraft des Symbols der Überwindung von Sünde und Tod kamen weit ältere, antike oder orientalische Einflüsse. Mit dem Glauben an seine magische, übertragbare Kraft glitt das Kreuz ab zum Fetisch, zum Amulett. Zum Glauben trat Aberglaube, heiliger Brauch verband sich mit unheiligem. Am Wegekreuz brachen sie sich.

Wegen der ihm zugeschriebenen Abwehrkraft war der »Tummelplatz der Geister«, die Wegekreuzung, bevorzugter Aufstellungsort. Der Eifelbesucher findet dafür unzählige Beispiele. Umgebenden Schutz vor Übel und Krankheit sollten die Kreuze dem Dorf an seinen Ausgängen gewährleisten und der Flur in lockerer Kranzanordnung. Von Darstellungen und Symbolen, die als besonders krafterfüllt galten, versprach man sich am Kreuz zusätzlichen Schutz.

Im Volksglauben waren Wegekreuze auch heilkräftig: zur Besserung von Fieber warf man drei Münzen mit eingeprägten Kreuzen an drei Wegekreuze, und vor Zahnschmerzen war man geschützt, solange ein ausgefallener Zahn in einer Kreuzspalte steckte. Ständig weinende Kinder brachten Mütter durch einen Bittgang zu einem – heute verschwundenen – Kreuz bei Saffig zur Ruhe, genannt »Saffdejer Heules«. Zur Befreiung von Geschwüren waren in der Südeifel Bittgänge zu »Schwärenkreuzen« wirksam, bei einem in Pickließem legte man Opfergaben bei, Geld und soviele Eier, wie der Kranke Geschwüre hatte. Es muß bei den Schwärenkreuzen eine Art Analogiezauber im Spiel gewesen sein. Die vermeintlichen Schwären am Kreuz waren meist falsch gedeutete, nachgeahmte Astknoten an Kreuzen, deren Balken als Baumäste dargestellt waren. Kratzspuren, häufig drei parallele Rillen, zeugen davon, daß von Kreuzen oder Schöpflöffeln Steinpulver abgeschabt wurde. Ins Essen von Kranken gemischt, sollte es wie Medizin wirken.

Abwehr drückt sich auch in den »Pestkreuzen« oder »Schwarzen Kreuzen« aus, die es in allen deutschen Kreuzlandschaften gab und die formal keinen bestimmten Typ verkörpern. Ihr Name entstand häufig, weil zu Pestzeiten (in der Eifel bis über die Mitte des 17. Jahrhunderts hinaus) Prozessionen zu »Pestkapellen« an ihnen vorbeiführten. Auch die Bitte um Verschonung oder Dank, die die Errichtung mitveranlaßt hatten, mag zur Benennung »Pestkreuz« geführt haben. Manches Kreuz wurde nachträglich zum Pestkreuz, nur weil sein Datum mit dem eines Epidemieausbruches zusammenfiel.

Beim Aufzählen der verschiedenen Funktionen und Bedeutungen darf die Rolle der Flur- und Wegekreuze in Hexen- und Zaubererprozessen nicht fehlen. Zu aller Not und den Verheerungen durch Pest und Kriege kam in der Eifel die Verbrennung von Männern und Frauen auf dem Scheiterhaufen in einem Ausmaß, das in Deutschland kaum Vergleichbares fand. Ankläger zogen durch die Dörfer; aufgeputscht von der allgemeinen Not, aber auch aus Habgier und Rachsucht wählten sie ihre Opfer, »Zauberer« und »Hexen«. »In der kurzen Zeit von Januar 1587 bis zum November 1593 erlitten in 27 Gemeinden in der Nähe von Trier allein 368 Personen den Flammentod, außer den vielen, welche in der Stadt selbst den Scheiterhaufen bestiegen ...« (»Aus Kultur und Geschichte der Eifel«). Unter ihnen befand sich der Rektor der Universität Trier. In manchen Dörfern waren fast alle Frauen »gesenkt« worden.

Zum Beweis der »Zauberei« und des »Umbgangs mit dem Bösen«, dem Teufel, mußte der Angeklagte bei den Hexenprozessen »Gott absagen«, wie es in erhaltenen Akten noch zu lesen ist. Dazu schien das als heilig angesehene Flurkreuz brauchbar: die provozierte Gotteslästerung wurde an ihm praktiziert, indem das Opfer »bei der Absagung Gottes mit dem Hinteren wider das Kreuz gestoßen« wurde. Das steht im Prozeßprotokoll von 1652 aus dem Umkreis von Münstermaifeld.

Zur Zeit des Hexenwahns, der noch den größten Teil des 17. Jahrhunderts überschattete, erlebten Kreuzstiftungen ihre Blütezeit. Angst vor der willkürlichen Anklage muß bei den Eifelern wie greifbar umgegangen sein. Wer weiß, ob nicht das eine oder andere Kreuz auch als Zeichen gesetzt wurde, daß man mit dem »Leibhaftigen« nichts zu tun habe? Wenn die todbringenden Hexenprozesse das 18. Jahrhundert auch nicht mehr erreichten, so überlebte doch im Volksglauben die Vorstellung von der Macht einzelner, Schaden zu zaubern. Das magische, hexenbannende Symbol des Drudenfußes, des Fünfsterns, an Hauseingängen, Kinderwiegen, Hausgerät und auch an einigen Wegekreuzen mag manchem sogar heute noch brauchbar erscheinen.

Das Kreuz am Fundort des gestohlenen Kirchensilbers

Freude, Not

Wenige, knapp eine Handvoll Kreuze nennen einen aktuellen Anlaß der Errichtung, zum Beispiel das Wiederfinden von gestohlenem Mayener Kirchensilber, ein aufregendes, bedeutendes und glückliches Ereignis. Der Text auf dem Kreuz an der Fundstelle im Mayener Hinterwald ist nur eine nüchterne Meldung, mehr nicht. Freude und Dank blieben unausgesprochen. Warum auch um Selbstverständlichkeiten Worte machen? »1726, 4. MAY. (an diesem) BLATZ HAB(en) GEFUNDEN DEN GESTOHLEN MAYENER KIRCHENSCHATZ MARTIN STURM, A. ST(urm), ANDON TRIACA.« Der Dieb wurde gefaßt und sollte hingerichtet werden.
Ungewöhnlich ist die Errichtung des großen Prozessionskreuzes von 1735 auf dem Niedermendiger Friedhof durch »ANTONIUS SCHMITZ« zur Erlangung des Bürgerrechtes seiner Frau. Dabei fehlt nicht die Widmung »GOTT ZV EHREN«. Zu den Ausnahmen mit eingeschriebenem Errichtungsanlaß gehören die sogenannten Amerika-Kreuze, die sozialgeschichtlichen Hintergrund berühren. 1840 ausdrücklich »ZUM ANDENKEN AN DIE ABREISSE N(ach) AMERIKA« errichtet, weist das eine bei Kruft indirekt auf die bittere Not hin, die viele Eifeler im letzten Jahrhundert zum Verlassen ihres Landes zwang. Die Amerika-Auswanderer gingen vorwiegend nach Wisconsin, Illinois, Minnesota, Nebraska und Süd-Dakota.
Teilweise lagen die Wurzeln der wirtschaftlichen Not in der Eifel weit vor den durch Mißernte ausgelösten Notstandsjahren 1816/17. Nur kamen sie jetzt deutlich zum Vorschein. Zu ihnen gehörte der Niedergang des Waldes, der schon seit dem Mittelalter durch Abholzung und Mißbrauch als Viehweide von Dorfbewohnern vorprogrammiert war. Auch die Holzkohle verheizende Eisenhüttenindustrie verschlang seit dem Spätmittelalter mehr Holz, als der Wald verkraften konnte. Verkauf großer Schläge durch den Staat und Bedarf des Heeres ließen gegen Ende des 18. Jahrhunderts den Schaden alarmierende Folgen annehmen. Erst in den achtziger Jahren des vorigen Jahrhunderts wurde mit Hilfe des Eifelfonds Aufforstung großen Stils betrieben.
Das frostige Frühjahr 1816 mit folgender, bis in den Spätherbst reichender Nässe bescherte statt der Ernte Hunger. »Seit Monaten schon«, hieß es in einem Hilfeaufruf der Regierung, die nach 20 Jahren französischer Fremdherrschaft 1815 wieder deutsch, preußisch geworden war, »nähren sich im Innern der Eifel viele Tausende von erfrorenen Kartoffeln, aus denen sie Kuchen bakken, um ihr elendes Leben notdürftig zu fristen, und diese letzte Nahrungsquelle will versiegen.« Die rheinische Agrarkrise mit Teuerung schloß sich an und dauerte bis in die dreißiger Jahre. Mißernte-Miseren wiederholten sich mehrmals. Die Landwirtschaft zeigte keine Widerstandskraft. Zwar hatte sich die Eifel im 18. Jahrhundert, vor allem in seiner kriegsfreien zweiten Hälfte, etwas erholt, nachdem sie 200 Jahre lang mit nur kurzen Unterbrechungen von Kriegen in Atem gehalten und ausgepowert worden war. Die Übernahme der Herrschaft durch die Franzosen 1794 besserte nun die Lage der Bauern. Denn die neue Gesetzgebung bedeutete das Ende der vielen weltlichen und geistlichen Herrschaften, wobei das Wichtigste die Aufhebung des Zehnten war und die Möglichkeit, Land zu kaufen. Doch die französische Grundsteuer und die im Code civil vorgeschriebene Güterteilung unter die Erben (gültig bis um 1900) machten dann vieles wieder zunichte. Nach dem vorher geltenden Anerbenrecht waren Hof und Land dem ältesten Kind zugesprochen worden. Nun wurde eine immer schlimmer ausufernde Bodenzersplitterung in Gang gesetzt, die Unwirtschaftlichkeit und Leistungsschwäche nach sich zog.
Eine weitere Ursache für Rückständigkeit im Handel waren kaum vorhandene, schlechte Straßen in der Eifel. Bislang hatten dort nur die Römer großzügige Verkehrsadern angelegt. Über sie war größtenteils Gras gewachsen. Napoleon sparte beim Bau seiner Militärstraßen die Eifel wegen Unbedeutendheit aus, das war typisch. 1825 bezeichnete ein Landeskundiger die Eifel noch als »eine unwegsame Wüste«. Als Preußen dann nach langen Anstrengungen

Das Amerika-Kreuz von 1840 auf dem Korretsberg

um 1877 ein Straßennetz ausgebaut hatte, war es wieder einmal zu spät. Denn inzwischen hatte die Eisenbahn längst ihren Transportsiegeszug angetreten, Handel und Wirtschaft angekurbelt. Doch ärmere Gebirgsgegenden waren beim Ausbau noch nicht berücksichtigt worden. So lagen die Industrien der Eifel, vor allem Eisen und Tuch, wieder im Abseits, kamen rasch zum Erliegen oder verlegten schließlich ihre Werke. Erst 1871 wurde die Eisenbahnstrecke Köln–Trier eröffnet. Von Berlin fuhren die Züge seit 1838. Eine Bevölkerungsexplosion und die abwandernde Großindustrie führten in der Eifel zu großer Landflucht, Ortschaften verloren große Teile ihrer Einwohner. Die meisten zogen nach Amerika.

Wer das »Amerika-Kreuz« von 1840 aufsuchen will, muß den Korretsberg bei Kruft hinauf; vom Grillplatz ist es nicht mehr weit. Es steht schwer zugänglich auf dem bewaldeten, von Grün überwucherten Gipfel in Himbeer- und Brennesselgestrüpp. Die Inschrift heißt: »ZUM ANDENKEN DER ABREISSE N(ach) AMERIKA. (gestiftet) V(on) DEN EHELEUTE(n) JOSEPH WILBERT U(nd) MAGDALENA KRAMER, U(nd) GEBRÜDER KRAMER. 1840.«

Knigge und das Ende der Sommerreise

Im 19. Jahrhundert war die Blütezeit der Flur- und Wegekreuze bereits überschritten. Bei immer noch reich belegter Tradition wurde jedoch die Fülle der beiden vorherigen Jahrhunderte nicht mehr erreicht. Die Aufklärung, die um die Mitte des 18. Jahrhunderts das in der Eifel so weit reichende Barock ablöste, hat diese Entwicklung mit vorbereitet. Volksfromme Bräuche wurden beschnitten. Die »Sommerausflüge des kleinen Mannes« gingen nun allmählich zu Ende. Ähnlich hatte der Einfluß der Französischen Revolution gewirkt, den die französische Fremdherrschaft mit ihren aufgeklärten Bischöfen ausübte. Es hagelte Verbote, vor allem wieder, wie in der Zeit nach der Reformation, gegen Sakramentsprozessionen. Schon 1770 erließ der Erzbischof von Trier, Clemens Wenzeslaus, eine Verordnung, daß »das hochwürdigste Gut aber nit mitgetragen werden darf, ... wenn der Weg sich über eine Stunde erstreckt ...« Denn, so der Leitgedanke, länger könne man sich nicht konzentrieren. Neue Stiftungen von Prozessionskreuzen wurden seitdem nicht mehr fern vom Dorf in der Flur aufgestellt, sondern im Ort oder seiner Nähe. Bischof Berdolet, der in Aachen saß, ließ am Anfang des 19. Jahrhunderts nur noch eine einzige Sakramentsprozession zu, die an Fronleichnam. Ähnlich versuchte man das »Wallfahrtsunwesen« abzustellen und den Bruderschaften zu Leibe zu rücken. Als Träger der Volksandachten, nun als Nebenandachten und »Andächteleien« abgewertet, wurden sie in der Aufklärung zurückgedrängt. Das Vermögen der Bruderschaften, das sie oft zusätzlich in Verruf gebracht hatte, beschlagnahmte man häufig.

Wenn die Landbevölkerung sich auch nicht strikt an die neuen Regeln hielt, die Richtung war vorgegeben. Volksreligiöses Leben wurde ruhiger, unauffälliger, eintöniger. Seine Auswüchse, die seit dem späten Mittelalter beklagt worden waren, bekam die Kirche nun, gut 200 Jahre nach dem Konzil von Trient, besser in den Griff. Doch damit verschwanden auch viele alte fromme Sitten und Bräuche. Die Romantik brachte dann noch einmal eine Gegenbewegung. Danach folgte wieder Aufklärung, die mit Schwankungen bis heute anhält. Wenn auch im 20. Jahrhundert weit weniger Kreuze errichtet wurden als in dem immer noch reich bestückten 19. Jahrhundert, konnte doch die Tradition überleben.

Nachdem in diesem Kapitel einiges über Glauben und Unglauben, volksreligiösen Brauch und Mißbrauch erwähnt worden war, soll Adolf Freiherr von Knigge zu diesem Thema das letzte Wort haben. In seinem 1877 erschienenen Buch »Über den Umgang mit Menschen« schreibt er: »Daß ein redlicher und verständiger Mann über wesentliche Religionslehren, auch dann, wenn er das Unglück haben sollte, an deren Wahrheit zu zweifeln, sich dennoch keinen

Spott erlauben wird, ich meine, das versteht sich von selbst. Aber auch über kirchliche Verfassungen, über Zeremonien, die manche für wesentlich halten, soll man nie in Gesellschaft spotten. Man respektiere das, was anderen ehrwürdig ist! Man lasse jedem die Freiheit in Meinungen, die wir selbst verlangen! Man vergesse nicht, daß das, was wir Aufklärung nennen, anderen vielleicht Verfinsterung scheint. Man schone die Vorurteile, die anderen Ruhe gewähren! Man beraube niemand, ohne ihm etwas Besseres an die Stelle dessen zu geben, was man ihm nimmt! Man vergesse nicht, daß Spott nicht bessert, daß unsere hier auf Erden noch nicht gereifte Vernunft über so wichtige Gegenstände leicht irren kann, daß ein System, auf welchem der Grund einer guten Moral liegt, nicht so leicht umzureißen ist, ohne zugleich das Gebäude selbst über den Haufen zu werfen, und endlich daß solche Gegenstände überhaupt gar nicht von der Art sind, daß man sie in Gesellschaft abhandeln könne!

Doch dünkt mich, man vermeide heutzutage – 1887! – oft zu vorsätzlich alle Gelegenheit, über Religion zu reden. Einige Leute schämen sich, Wärme für Gottesverehrung zu zeigen, aus Furcht, für nicht aufgeklärt genug gehalten zu werden. Das ist Menschenfurcht und eines redlichen Mannes unwürdig.«

Schöpflöffel und Antonius von der Sau

Ihren einzigartigen, sonst nirgendwo antreffbaren Kultmälern in Ort und Flur gaben die Eifeler den Namen Schöpflöffel, denn ihre Form erinnert an eine Schöpfkelle. Kochlöffel nennt man sie in Kell und Umgebung. Auch die Bezeichnung Löffelkreuz ist geläufig. Sie zeigt, daß der Schöpflöffel wie ein Kreuz verehrt wird. Der Urtyp ist bis zu 1,80 Meter hoch und aus einem Lavablock mit grobem Werkzeug so geschlagen, daß der kräftige, vierkantige Schaft sich nach oben zunehmend leicht verbreitert, um dann in den seitlich mehr oder weniger ausladenden Kopf überzugehen. Er macht etwa ein Drittel des gesamten Males aus, manchmal sogar seine Hälfte und ist rund, spitzbogig oder giebelförmig zu einer tiefen leeren Nische ausgehöhlt. Löcher am Rand deuten auf ein ehemaliges Gitter hin. Originale Gitter aus der frühen Zeit sind nicht erhalten, das älteste befindet sich an einem Mal von 1586, das dem Kloster Rommersdorf gehört. Die Schaftkanten des Schöpflöffels können abgefast sein. Daraus schließt man auf Vorgänger aus Holz. Die ohnehin rauhe Oberfläche zeigt häufig Schlagspuren des Doppelspitzhammers, der ovale Absplisse vom Stein löst. Sie geben das grobe holperige Raster. Ebenso häufig erscheint der Schöpflöffel »geflächt«, wenn seine Oberfläche anschließend noch mit einem breiten Keilhammer, der Flächt, geglättet wurde.

Wie die Größe des Kopfes kann auch seine Form nach den drei Grundtypen – runder, spitzbogiger oder giebelförmiger Abschluß – etwas abgewandelt erscheinen. Festgelegte Proportionen oder Größen gab es nicht, auch keine Symmetrie. Maße scheinen eher über den Daumen gepeilt, als stets sorgfältig abgemessen worden zu sein. So kann das Kopfstück auf einer Seite weiter über den Schaft ragen als auf der anderen, der Scheitelpunkt einer giebelförmigen Nische die exakte Mitte verpassen, und der umlaufende Rand, ja der ganze Schöpflöffel kann etwas windschief geraten sein. Gerade die mangelnde Perfektion gibt diesen Lavamälern ohne Feinschliff ein archaisches Aussehen. Hier waren nicht Meister hoher Sakralkunst am Werk, sondern Steinbrecher und Steinhauer von Lavabrüchen, die den Auftrag eines Stifters zu einem religiösen Zweck neben ihrer Arbeit an Mühlsteinen ausführten. Die Qualitätsansprüche an Mühlsteine waren hoch. Aussortierte Exemplare, die einen »Stich«, einen steinsprengenden Kristalleinschluß aufwiesen, oder, was seltener vorkam, verhauen waren, fanden dann als Verankerung und Sockel der Schöpflöffel noch Verwendung. Ihre Wucht trägt zu dem urigen Charakter dieser alten frommen Stiftungen bei.

Kult und Rätsel, Theorien

Schöpflöffel markieren den ersten der beiden ausgeprägten Höhepunkte im Bestand der Eifeler Flur- und Wegemäler, der in das ausgehende Mittelalter fällt. Wirtschaftlich ging es der damals in kleine Grafschaften und Adelsgüter zersplitterten Eifel recht gut, und von den Bauernaufständen blieb sie verschont. Denn nicht zuletzt aus Nützlichkeitsdenken hatten die Herren das enge Verhältnis zu ihren Untertanen auf Einvernehmen hin angelegt.

Wie überall in Deutschland fiel in der Eifel in diese Zeit ein Ansteigen des Kultes um das Allerheiligste. Bruderschaften gründeten sich. Sie waren von kirchlicher Autorität errichtete Vereine, deren Mitglieder, Laien, starken Rückhalt in den Zünften hatten. Sie förderten den Gang zum Gottesdienst, ließen Messen für alle verstorbenen Brüder und, je nach Satzung, auch für deren Frauen lesen und kümmerten sich besonders um Arme. Neben Marien-, St.-Annen- oder Kreuz-Bruderschaften entstanden auch solche, die auf ihren Zusammenkünften beson-

Undatierter Schöpflöffel am Pilgerweg von Hausen nach Fraukirch

ders das Allerheiligste verehrten, seit 1459 zum Beispiel die Fraukirch-Bruderschaft, seit 1491 die Sakramentsbruderschaft von Kruft, 1492 und 1520 folgten Gründungen in Monreal und Andernach.
Das religiöse Leben erhielt Auftrieb. Äußerlich war es geprägt von feierlichen Prozessionen, Bittgängen, Flurprozessionen, die, in den Sog der Fronleichnamsprozession geraten, nun auch das Allerheiligste mitführten. In diese regen Jahrzehnte fällt die Errichtung der vier datierten Schöpflöffel der nach ihrem Stifter, Clais Beligen, benannten Beligenmäler, von und bei Obermendig. Sie wurden 1461, 1462, 1472 und 1473 aufgestellt. Zweifellos löste die damals aufblühende Volksfrömmigkeit eine Welle von Stiftungen, auch von Kultmälern in Ort und Flur aus. Die Fülle der Schöpflöffel im Maifeld und in der Pellenz, dem ehemaligen Sitz der Pfalzgrafen, beweisen es. Zu ihnen gehören die Beligenmäler. Die Wissenschaftler sind sich nur nicht recht einig über ihre Funktion. Dabei gibt die Nische das große Rätsel auf.
Es gibt Wissenschaftler, die leiten aus entfernter formaler Ähnlichkeit eine identische Bedeutung der Schöpflöffel mit Totenleuchten auf Friedhöfen ab. Denn einige Schöpflöffel stünden mit dem »Rücken« zum Weg, und ihre abgewandte offene Nische weise in die Richtung, wo der Friedhof liege. Dagegen wird argumentiert, daß der Weg früher anders verlaufen sein könne, die Nische dann sehr wohl für Passanten sichtbar gewesen sei und daß sie im Gegensatz zu Totenleuchten über keinen Rauchabzug verfüge.
Andere interpretieren die Nische des Schöpflöffels als Standort von Heiligenfiguren, die tatsächlich auch heute manchmal hinter verschlossenem Gitter zu finden sind. Wieder andere vermuten, bei Prozessionen mitgeführten Reliquienschreine könnten dort abgestellt worden sein. Schließlich gibt es eine Theorie, die auch der Volkskundler und genaue Kenner der Eifeler Basaltlavamäler, Kurt Müller-Veltin, vertritt, die in den Schöpflöffeln Stationsmäler bei den Sakramentsprozessionen sieht und die Nischen als Abstellplatz für das Allerheiligste deutet. Diese Funktion hatten Sakramentshäuschen in der Kirche, denen die Nischenmäler am Weg in vereinfachter Form nachgebildet sind.
Zwar fehlen aus alter Zeit, dem ausgehenden Mittelalter, handfeste Zeugnisse für diese Theorie, aber Müller-Veltins Indizienkette leuchtet ein: die Vierzahl der Beligennischenmäler aus der Zeit der eifrig geübten Sakramentsprozessionen entspricht den vier Stationen, an denen zum Schluß immer der sakramentale Segen erteilt wurde. Aus Niederzissen sind Prozessionen noch bis 1830 belegt, die zu vier Nischenmälern, sogenannten Segenssteinen führten, die dabei das Sakrament aufnahmen. Eine Stiftung von vier »Landsegnungen« ist um das Jahr 1700 aus Münstermaifeld belegt. Auch stehen die Schöpflöffel des Maifeldes häufig an Prozessionswegen zur Fraukirch, dem Ziel unzähliger regelmäßiger sakramentaler Umgänge. Ein weiteres Argument dieser Beweisführung: als zur Zeit der Reformation Sakramentsprozessionen verboten wurden, entstanden keine neuen Nischenmäler, doch weiterhin Kreuze. Erst zum Ende des 16. Jahrhunderts, als das Allerheiligste wieder mitgeführt werden durfte, wurden von neuem Nischenmäler und nun auch Kreuze mit Nischen errichtet. Schließlich deutet nach dieser Theorie auch die formale Veränderung des Schöpflöffels durch Aufkommen der Monstranz auf seine sakramentale Funktion. Da die hohen Schaugefäße nicht mehr in die Nische paßten, stellte man einen aus Lava gehauenen Tisch für sie vor dem Mal auf. Bei neuerrichteten Exemplaren verflachte nun die Nische, wurde zum Symbol. Der Deutung der Schöpflöffel als ursprüngliches Stationsmal widerspricht nicht, daß Nischen später und manchmal bis heute Heiligenfiguren bergen. Totenmal waren Schöpflöffel nie.

Frühe Meisterwerke

Drei der reichlich 500 Jahre alten Beligen-Mäler befinden sich jetzt nahe beieinander in Obermendig, eine Kopie des vierten, des Golokreuzes, markiert wie früher bei Thür

Schöpflöffel mit runder Nische

Schöpflöffel mit spitzbogiger Nische

Schöpflöffel mit giebelförmiger Nische

Schöpflöffel mit giebelförmiger Nische

an der heutigen Bundesstraße 256 den Prozessionsweg nach Fraukirch. Zerstörung und Diebstahl haben sie in unserem Jahrhundert nicht verschont. Vor den seitlichen Eingangstüren der St.-Genovefa-Kirche, die sich seit dem Jahr 1200 auf ihrem erhabenen Platz mit Aussicht ins freie Land behauptet, steht unter einer Buche nur noch ein Fragment des ersten Beligen-Males von 1461: ein konisch zulaufender Sockel, darauf ein Bruchstück des Schaftes, der Nischenkopf fehlt. Nach dem Ersten Weltkrieg wurde diese Stiftung des Clais Beligen so übel zugerichtet. Sein Name steht monumental in erhabenen gotischen Minuskeln, den damals gängigen Schriftzeichen, auf der linken Seitenfläche des Schaftes: »CLAIS BEILGEN.« Diese Schreibart ist kein Versehen des Steinmetzen. Eine verbindliche Orthographie gab es noch nicht, ebensowenig wie Schulpflicht. Variationen der Namensschreibung waren daher noch bis ins

Fragment des Beligenmales von 1461

16. Jahrhundert üblich. So nennt sich Stifter Clais im folgenden Jahr auf seinem Genovefa-Kreuz Beligen und auf dem Golokreuz 1472 Belien.

Auf der Vorderseite des Schaftstumpfes ist die Botschaft an den Vorübergehenden bewahrt: »DIR SPRICHT GOT DER HERE, O SUNDER SICH (=SIEH) AN DIE WONDEN MIN, WANNE SI DI PORTEN DES HEMELS. MCCCCLXI« (1461). Diese Lesung der eingeschlagenen Inschrift ist wegen fehlender Expertise nicht endgültig. Sie läßt aber Mahnung und Verkündigung klar erkennen: der sündige Mensch wird zur Betrachtung der Wunden des Gekreuzigten und damit, unausgesprochen, zur Buße aufgefordert, und ihm werden dadurch die Pforten des Himmels, die Erlösung, verheißen.

Der Hinweis auf die Wunden Christi im Jahr 1461 ist Zeugnis für die Verehrung der »hochheiligen fünf Wunden« im damaligen Volksglauben. Von der mittelalterlichen Leidensmystik ausgehend, fand sie Eingang in die Andachtsliteratur, die Stundenbücher des 15. Jahrhunderts und erreichte damit breite Wirkung. Die Verherrlichung der fünf Wunden – das Gebet zu ihnen führte im Volksglauben zur Gewinnung der ewigen Seligkeit – war im Rheinland, dem Kölner Raum und damit auch in der Eifel am intensivsten in ganz Deutschland. Sie steigerte sich noch im 17. und 18. Jahrhundert, als in diesem Gebiet der Sterbebrauch der »Sieben Fußfälle« sein Zentrum hatte. Denn man betete bei jedem Fußfall, einem Kreuz oder Bildstock im Freien, zu den fünf Wunden. Sie erschienen schließlich auch bildlich an abgehackten Händen, Füßen und dem Herzen, also losgelöst vom Körper, auf einigen Basaltlavakreuzen. Im Bonner Raum zeugen etliche Prozessionskreuze (aus Trachyt) an Wegen von der Vorliebe für solche Darstellungen, die man auch »Herrgottsklein« nennt. So kann das erste Beligenmal über seine Zeit hinaus als frühes Monument für die jahrhundertelange Verehrung der fünf Wunden im Rheinland gelten.

Ursprünglicher Standort dieses Schöpflöffels, von dem also nur noch ein Teil vorhanden ist, war der Ortsausgang von Obermendig an der Staße nach Mayen. Hier sollte seine ihm zugeschriebene Schutz- und Abwehrkraft gegen drohende Gefahr aller Art helfen. Die eingeritzten Stabkreuze auf den drei Sockelseiten und ein großes erhabenes Kreuz mit Rauten an den Balkenenden auf der rechten Schaftseite galten der Erhöhung der Schutzwirkung des Males. Das einfache lateinische Kreuz mit seinem nach unten verlängerten senkrechten Balken wurde für solchen Zweck selten verwendet, häufiger seine mit Symbolen erweiterten Formen, von denen man sich zusätzliche dämonenschreckende Macht versprach: Rauten, Lilienblätter oder ein Stab, der als Baum des Lebens aus dem Paradies gedeutet wird. Auch dem Kreuz mit konisch zulaufenden Balkenenden schrieb man besondere Abwehrkraft zu. Als großes Stabkreuz erscheint es auf dem zweiten Beligenmal aus dem Jahre 1462.

Das »bewachte« einst den zweiten Dorfausgang an der Wegspinne Andernach, Niedermendig und Bell, einen strategisch wichtigen Punkt. Denn hier entlang wurden die Mühlsteine zur Verschiffung nach Andernach auf den Weg gebracht. Links und rechts auf den Schaftseiten stehen die Namen der Obermendiger Schutzpatrone, »S. GENOFEUA«, das ist die Pariser Heilige Genovefa, und S. LAURENC(i)us«, der Heilige Laurentius. Sie sollten hier beschützend wirken.

Eine ganz unheilige Bedeutung kommt der Hand zu, die in der Ecke oben an der rechten Seite des Nischenkopfes zu finden ist. Sie erinnerte als Rechtszeichen an die Strafe des Handabhauens bei Friedensbruch und wies auf die nahegelegene Gerichtsstätte, den Floriner Hof, hin. Obermendig hatte nämlich ein eigenes Hochgericht mit 14 Schöffen und konnte die Todesstrafe verhängen. Sie wurde für geplanten Mord, nächtliche Brandstiftung und Vergewaltigung einer unbescholtenen Frau angesetzt. Auf die alte Hinrichtungsstätte weist heute noch die Flurbezeichnung »Am Galgen«, in Richtung Bell, hin.

Das Genovefa-Kreuz, wie dieser Schöpflöffel im Volksmund heißt, stand zuletzt einige Jahrzehnte draußen bei der Pfarrkirche. 1977 wurde es hereingeholt, und in seine Nische kam, hinter einem neuen Gitter, ein grell blitzender Schrein mit Reliquien der Pariser und Obermendiger Schutzpatronin Genovefa. In dem alten Basaltmal ist der moderne Metallschrein stilistisch ein Gewaltakt. Immerhin war das einzige vollständig erhaltene Beligenmal in der Kirche vor Dieben sicher.

Man muß sich Zeit nehmen bei der Betrachtung dieses Basaltlavamals. Es dauert eine Weile, bis die Augen sich an das Dämmerlicht im kleinen Querschiff gewöhnt haben und an dem schwarzen Ungetüm überhaupt etwas von den vielen Schriftzeichen und Symbolen wahrnehmen können. Monumental, streng und düster wirkt es, man kann sich vorstellen, daß es damals an der Dorfpforte fremde Eindringlinge warnend beeindruckt haben mag. Sein hochgestreckter spitzgiebeliger Nischenkopf wird von einem hinten ansetzenden hohen Kreuz bekrönt, so daß die schlanke aufstrebende Form des Schöpflöffels, Stilmerkmal der Gotik, noch betont wird. Die Kombination von Nische und Kreuz – hier zum erstenmal komponiert – führte später zu einem gängigen Schöpflöffeltyp. Um die Nische stehen die großen Lettern »I H E S U S«. Dieser Schreibweise des Namen Jesu, die aus einer irrtümlichen Übertragung des griechisch geschriebenen ΙΗΣΟΥΣ resultiert (das griechische große Äta, »H«, ist mit dem großen römischen H identisch), entspricht die häufig angewendete Abkürzung I H S, die auch unzählige Male auf Basaltlavakreuzen wiederkehrt. Schließlich war auch noch die Abkürzung des I H S -Monogramms, ein H , auf dessen Querbalken ein kleines Kreuz zu stehen pflegt, gebräuchlich. Der Jesusname und seine Kurzformen galten im Volksglauben als wirksames Abwehrmittel gegen jedes Übel. Eine Entsprechung ist die Anrufung Jesu im Exorzismus, der Austreibung böser Geister.

Neben der Zahl »MCCCCLXII« (1462) am unteren Nischenrand des Genovefa-Kreuzes erscheint links die Hand Gottes und weist auf fünf Reihen Text am Schaft: »O SUNDICHER MENSCH/ SICH (sieh) AN, WAT HAIT/ IHESU GELEDEN/IND SIN MODER/MARIA.« Nach einigem Abstand weiter unter, aber in erheblich größeren Buchstaben, prangt der

Das Genovefa-Kreuz von 1462

Christusmonogramm auf einem Kreuz von 1805 in Niederdürenbach. Über dem Querbalken des H ein Kreuz

Signatur des Stifters »CLAIS BELIGEN« in den damals üblichen gotischen Minuskeln

Name: »CLAIS BELIGEN.« Diesmal bezieht sich die Mahnung an den sündigen Menschen, sich der mitverschuldeten Leiden Jesu zu entsinnen und, unausgesprochen, Buße zu tun, auf die Passion allgemein und Marias Leid daran. Immer wieder, durch alle Epochen hindurch, bis ins 19. Jahrhundert, ist der Hinweis auf die Passion Jesu tragendes Element der Kreuzinschriften. Diese Passionsfrömmigkeit hatte ihren Ursprung in der mittelalterlichen Leidensmystik im Gefolge der Kreuzzüge. Die in Passionslegenden geschilderten »bitteren Leiden« erlebte das Volk ergriffen nach: »Das Leiden unseres Herrn Jesus Christi war groß von Bitterkeit der Schmerzen und Schmach der Verspottung, aber überflüssig fruchtbar an Heil und Nutzen« (Legenda aurea, 13. Jahrhundert). Die Schöpflöffel von 1461 und 1462 sind mit ihren Inschriften erste Zeugen dieses Passionskultes, der in Basaltlavamälern zum Ausdruck kam. Maria wird einbezogen in das Leiden Christi. Auch bildlich erscheint sie später an Kreuzen vorherrschend als Pietà mit dem toten Christus auf den Knien oder als Schmerzensmutter mit sieben Schwertern in der Brust, die unendliche Schmerzen verkörpern sollen.

Wer war Clais B.?

Unter der Inschrift, etwa in der Mitte der Schaftfront noch über der großen Signatur des Stifters, erscheinen am Genovefa-Kreuz ein Wagenrad und ein Mühlstein als Relief. Am Rad ist eine kleine Axt zu erkennen, am Mühlrad ein Wetzkopf (Hammer). Es sind die Berufszeichen des Wagners und Mühlsteinhauers. Spätestens an dieser Stelle fragt man sich: wer war Clais B.? Mühlsteinhauer

Darstellung der trauernden Maria mit dem toten Jesus auf dem Schoß an einem Kreuz von 1767 in Illerich. Maria erscheint am Basaltlava-Kreuz so gut wie nie als strahlende Himmelskönigin.

und Wagner scheiden aus, sie hätten für die vier imposanten Stiftungen nicht die Mittel gehabt. Er könnte Mühlsteinhändler, Grubenbesitzer oder Unternehmer gewesen sein, bestimmt war er ein Mann mit Geld und hohem Ansehen. Mendiger Bürger rätseln noch heute herum, denn man weiß gar nichts über ihn, außer, daß er, wie sein eingeschlagener Name bezeugt, die vier Schöpflöffel stiftete. Diese Frömmigkeitsbezeugungen lassen bei den Anwohnern Spekulationen, ob er wohl ein Vorgänger des legendären reichen Mühlsteinhändlers Bernhard Keib war, der es mit dem Teufel trieb, allerdings von vorneherein nicht aufkommen. Manche halten Clais B. irrtümlich für den Steinmetzen der Mäler. Doch die Eifeler Kreuze wurden nie signiert, vielleicht in der Tradition der romanischen Sakralkunst, die den Künstler ungenannt hinter seinem Werk zurücktreten ließ. Deshalb und auch wegen fehlender mündlicher Überlieferungen und Dokumente ist die Kunst der Eifeler Kreuzemächer anonym geblieben. Einige Mendiger stellen sich sogar vor, die Variante des Namens »Belien« bedeute, der Clais habe, etwa von der Abtei Maria Laach zum Beispiel, Land »beliehen«. Daß wohl ein Nachkomme von ihm sich einst Geld lieh von der St.-Annen-Bruderschaft – Bruderschaften waren damals auch eine Art Kreditinstitut –, bestätigt das Lagerbuch der Niedermendiger St.-Cyriakus-Gemeinde, stützt aber natürlich nicht diese eigenwillige Vermutung. Das Geheimnis um Clais B. wird wohl in Mendig die Phantasie noch vieler Generationen nicht ruhen lassen. Was die alten Urkunden im Zusammenhang mit dem Namen B. festhalten, ist nicht uninteressant. Unter der Überschrift »Die Bruderschaften des Sanct Annen-Altares« heißt es im Text: »1515 altera die Epiphaniae (am zweiten Tag nach Epiphania) entlehnt Johann Bielgen und seine Ehefrau 75 Gulden zu 24 Weißpfennig von den Brudermeistern S. Annen-Altares, und es wurde diese Schuldverschreibung bekräftigt von Pauls iunior Scholtes, zur Zeit of. St. Merges Hof. Später kömt im Verzeichnis des S. Annen Zehnten auf einem Pergamentblatt vor: Anno 1563 . . . Clays byelgenn . . . Im Jahre 1610 kömt auf demselben Pergamentblatte eine Erneuerung der Personen vor, welche in St. Annen Bruderschaft iarlich (jährlich) uf Martini schuldig sind.

N.B.
Diese hier genannte Familie Bielgen oder Byelgen oder Belgen, später Bellen, wahrscheinlich die Ahnen der bis jetzt hier existierenden Familie Bell (sie lebt bis heute, 1984), hat das Verdienst, das ein Glied derselben, Clais Belgen, der Verfertiger des sogenannten Höhtges Kreuz an der Thürer Grenze neben der von Andernach nach Mayen führenden Straße, unseres ältesten kunstreichen Denkmals vom Jahre 1472 ist. Die Inschrift desselben wird später in diesem Lagerbuch mitgetheilt werden.«
Das Lagerbuch mit Abschriften alter Ur-

kunden wurde 1847 vom damaligen Pfarrer angelegt. Mit der Erwähnung in diesem Mendiger handgeschriebenen Folianten tritt das Höhtges-Kreuz, das inzwischen Golokreuz heißt und von Clais Beligen nicht »verfertigt«, sondern gestiftet wurde, seine späte Wirkungsgeschichte an. Denn derselbe Pfarrer, der im Lagerbuch das Höhtges-Kreuz nannte und schon seine Inschrift ankündigte, fand dann heraus, daß sie mit geringen Veränderungen die Übersetzung des lateinischen Gebetes »Salve Regina« ist, die mit den Worten beginnt: »GEGROCET SISTU MARIA«. Das veröffentlichte er 1876 im Mayener Sonntagsblatt und regte damit die Forschung an. Bereits zwei Jahre später erschien ein Artikel im »Jahrbuch des Vereins von Altertumsfreunden im Rheinlande« mit genauer Beschreibung des Höhtges-Kreuzes und einer ersten Analyse des in Mundart, mit vielen Abkürzungen geschriebenen, schwer zu identifizierenden Textes. Derselbe Artikel befaßte sich noch kurz mit dem Genovefa-Kreuz. Die übrigen, weniger spektakulären Schöpflöffel und Basaltlavakreuze in der Eifel »entdeckten« die Wissenschaftler erst in den zwanziger Jahren unseres Jahrhunderts. Beispielhafte Exemplare wurden dann in das Inventar der Kunstdenkmäler der Rheinprovinz aufgenommen.

Woher der Name Höhtges-Kreuz und die Varianten Höttcheskreuz, Hütgeskreuz kommen, ist ungeklärt. 1878 schrieb ein Heimatforscher, der Name leite sich aus der Verkleinerungsform von Hut, also Hütchen, mundartlich »Höhtchen«, ab. Mit Hütchen war der Nischenkopf gemeint, und tatsächlich ist von Einheimischen auch heute gelegentlich die Bezeichnung Hut dafür zu hören. Der neue, volkstümliche Name Golokreuz tauchte schriftlich zum erstenmal 1864 auf, müßte aber noch eine Schöpfung der Romantik sein. Denn in dieser Epoche erlebte die Genovefa-Legende, die ihren Ursprung im Maifeld hat und in der Golo als Übeltäter eine Hauptrolle spielt, weiteste Verbreitung, mehr noch, man versuchte, die Sage als wirkliches Geschehen zu beweisen. Und so meinte man, am Errichtungsort des Beligenmals von 1472 die Hinrichtungsstelle des Golo gefunden zu haben. Aus dem Höhtgeskreuz wurde nun das Golokreuz. Vor demselben Hintergrund fand die Umbenennung des Mayener Schlosses zur Genovefaburg mit dem Bergfried Goloturm statt.

Bis 1977 stand das Golokreuz an seinem angestammten Platz, etwas hochgelegen neben der Landstraße (B 256) und umgeben von Akazien. Von dort aus sieht man den alten Prozessionsweg sich durch die Felder schlängeln und hinter einem sanften Hügel noch eben Dach und Turm der Fraukirch aufragen, Ziel der Pilger damals wie heute. Am 29. April 1977 bemerkte ein Mann aus Thür, daß am Golokreuz der Nischenkopf fehlte, fünf Tage später lagen Schaft und Sockel hinter einer Akazie. Wahrscheinlich war der heimliche Abtransport gestört worden. Noch am selben Tag wurden die ihres Hauptes beraubten Teile in Sicherheit gebracht. Diebe, von denen bis heute jede Spur fehlt, hatten sich an dem wertvollsten Stück der volkstümlichen Eifeler Steinmetzkunst vergriffen, an einem der bedeutendsten deutschen religiösen Wegemale des späten Mittelalters. Die folgende Beschreibung stützt sich auf historisch gewordene Fotos im Orginalzustand und auf die existierenden Restteile.

Proportionen, Form, Dekor und Funktion vereinen sich an diesem Schöpflöffel zu Harmonie und verhaltener Schönheit, die nur ein Künstler erreichen konnte. Auf einem sechsseitigen pyramidenförmigen Sokkel steht der Schaft als Säule, die am Rükken abgeflacht und an ihrer Rundung mit einer in elf Zeilen gefaßten Buchstabenkette bedeckt ist. Der strenge, in Relief herausgehobene Rhythmus der gotischen Minuskeln, von der Senkrechten getragen, und die Klarheit der Buchstaben in dem rauhen Material lassen den Text auch zum Ornament werden. In zwei senkrechte Spalten gegliedert, die ein schmales Band trennt, setzt er sich noch auf drei Sockelseiten fort. Wie ein Kopf auf dem Hals, so steckt der giebelförmige Nischenkopf auf der kräftigen Säule, die er rechts und links nur wenig überragt. Die gestreckte Linie des Schöpflöffels bleibt gewahrt. Das Textband um den Nischen-

rand ist auch Zierde: »DATUM ANNO DOMINI MCCCCLXXII (1472) IM AUSTMANOT (August).« Stifter »CLAIS BELIEN« ließ sich auf der Säulenrückseite stattlich verewigen.
Als Flankenschutz waren die großen Rautenkreuze am Nischenkopf gedacht. Auch das imposante Stabkreuz auf der Rückseite sollte, nach damaliger Vorstellung, böse Mächte fernhalten. Der Mühlstein, auf dem das insgesamt über zwei Meter hohe Golokreuz steht, verschwand früher unter der Erde. Grob zugeschlagen, »gespitzt«, aber noch nicht »geflächt«, geglättet, sollte er nur dem Halt dienen und war in die Gesamtkomposition nicht einberechnet. Nach einer Straßenverbreiterung und damit verbundenen kleineren Versetzung vor mehreren Jahrzehnten grub man den Mühlstein nicht wieder unter. Alle vier Teile, Mühlstein, Sockel, Säule und Nischenkopf sind übrigens miteinander verzapft und ausnahmsweise nicht aus einem Block. Das zeigte sich nach dem Diebstahl des Kopfstücks und anschließenden Untersuchungen.
Die Bedeutung des Golokreuzes gründet sich vor allem auf den ausführlichen deutschen Gebetstext in einer Zeit, als Latein noch vorherrschend die Sprache in der Kirche war. Deutsche Kirchenlieder wurden zum Beispiel nur bei Wallfahrten und Prozessionen gesungen, nicht aber während des Gottesdienstes. Die Pioniertat fand überregionale Beachtung. In die deutsche Übersetzung des »Salve Regina«, die nicht identisch mit dem »Gegrüßt seist Du, Maria« ist, floß auch Mundart ein.
Mit der Anrufung der »Königin der Barmherzigkeit« und »unserer Fürsprecherin« ist das Golokreuz am Weg zur Marienwallfahrtskirche Fraukirch Ausdruck für den Kult um Maria, die als Schutzheilige tief verehrt wurde. Nur wenige Basaltlavakreuze und -mäler sind außer diesem »IN DIE EHR DER MUTTER GOTTES« errichtet, und dann nicht in solcher grandiosen Form. Manchmal wurde ihr Name wie zur Anrufung um Schutz eingeschrieben. Im allgemeinen erscheint Maria aber als Schmerzensmutter. So ist sie auch auf den späteren bildlichen Darstellungen nicht die strahlende Himmelskönigin. Die Flur- und Wegemale beherrschende Passionsfrömmigkeit zeigt sie als Mutter des Gekreuzigten.
Die Inschrift des Golokreuzes lautet auf Hochdeutsch: »Gegrüßest seist Du, Maria, Königin der Barmherzigkeit, Leben und Süßigkeit und unser Hoffen, gegrüßet seist Du; zu Dir rufen wir elendiglichen Kinder Evas. Zu Dir seufzen wir, schrein und weinen in diesem Tal der Tränen. Und darum, Du unsere Fürsprecherin, kehre Deine barmherzigen Augen zu uns, und (ergänzt: zeige) nach diesem elenden Beweis uns Jesum Christum, die gebenedeite Frucht Deines Leibes, o barmherzige Maria.«
Der Orginaltext mit ausgeschriebenen Abkürzungen, die als Querbalken den Buchstaben aufliegen, heißt:
»GEGROCET SISTU MARIA, KOENIGINE DER BARMHERCZCIET; LEUEN IND SOSSICHET IND UNS HOFFEN, GEGROCZT SISTU. ZO DIR ROFFEN MIR, ELLENDICH EVEN KINTDER, ZO DIR SVFCZCEN MIR, SCHRIEN VND WEINEN IN DISME DAL DER TRENEN. OCH DAR VMB, DU VNS VURSPRECHERINEN, KERE DIN BARMHERCZCIE AUGEN ZO VNS, VND NACH DIESME ELLEND BEWIS UNS IHESUM CHRISTUM, DIE GEBENEDIDE FRVCHT DYNS LICHAMS, O BARMHERCZCIE MARIA.«
Hier der lateinische Urtext dazu:
»Salve Regina, mater misericordiae, vita, dulcedo et spes nostra, salve. Ad te clamamus exules filii Evae. Ad te suspiramus gementes et flentes in hac lacrimarum valle. Eia ergo, advocata nostra, illos tuos misericordes oculos ad nos converte et Jesum, benedictum fructum ventris tui, nobis post hoc exilium ostende. O clemens, o pia, o dulcis virgo Maria!«
Im Vergleich ergeben sich kleine Abweichungen der Übersetzung. So ist zum Beispiel am Anfang »Maria« hinzugefügt worden. Ursprünglich waren die Buchstaben bemalt, wie Spuren von Farbe bewiesen.
Sieben Jahre nach dem Verschwinden des Hauptes des Golokreuzes wurde am Schmerzensfreitag (dem Freitag vor Karfreitag) 1984 eine originalgetreue Kopie am selben Standort vom Thürer Pfarrer feierlich eingesegnet, und Prozessionen aus Nieder- und Obermendig und Thür machten an diesem jahrhundertelang aufgesuchten Schöpflöffel

Feierliche Einsegnung des neuen Golokreuzes

ausnahmsweise wieder einmal Halt, ehe sie weiter zur Fraukirch zogen. Schon lange verloren sich Kreuze und Nischenmäler aus dem Zusammenhang mit Prozessionen.

Für die Stiftung der Kopie zeichnete der Diplomingenieur und Chef einer Basaltlavafirma, »STEFAN KEUSER UND SEINE STEINMETZE«, wie es auf der Rückseite des Schaftes gleich unter »CLAIS BELIEN« zu lesen steht, verantwortlich. Keuser kam finanziell allein für Her- und Aufstellung auf, wie er nicht ohne Stolz erklärte. Denn er habe sich irgendwie verpflichtet gefühlt, auch habe es ihm Spaß gemacht, dieses berühmte spätmittelalterliche Kreuz wiederzuerrichten. Er sei irritiert gewesen über die Veränderung des von Kindheit an vertrauten Anblicks und die Störung einer Tradition. Unumwunden gab er zu: »Da steckt auch ein Stück Reklame darin für unser Material, das seit der Steinzeit hier abgebaut wird.« Sein Steinmetz, Meister Grün, hatte bei seiner

Rückseite des »neu erstellten« Golokreuzes mit dem großen Stabkreuz

Kopie auf eine orginalgetreue Nachbildung zurückgreifen können, die ein Kottenheimer Bildhauer vor dem Zweiten Weltkrieg auf Bestellung für einen Mainzer Privatpark angefertigt hatte. »Beim Meißeln der engen Buchstaben muß man aufpassen, daß kein Schriftbalken abbricht,« erklärte Grün, »aber, wenn man weiß, wie mans anpäckt, ist es nicht schwer.« Er ist einer der erfahrensten Steinmetzmeister von Mendig, seine Lehrlinge lernen früh, auch ein einfaches Kreuz zu schlagen. Nach der Kopie des Golokreuzes an der Landstraße vervollständigte Grün auch noch das von den Dieben auseinandergerissene Orginal. Am 9. September 1985 wurde es dann mit dem Ersatzkopf in der Fraukirch aufgestellt, im Boden verankert, um vor erneutem Zugriff sicher zu sein. An den Kosten beteiligte sich das Landesamt für Denkmalpflege in Mainz.

Mit dem vierten Beligenmal, dem von 1473, ist etwas Seltsames geschehen im vorigen Jahrhundert. Dort, wo es immer gestanden hatte, am Ortsende und Prozessionsweg nach Fraukirch, nahe bei St. Genovefa, heute Fallerstraße, wurde es in ein Häuschen vermauert. Seitdem bietet sich dem Vorübergehenden nur noch die Front des Nischenkopfes zur Betrachtung dar. Es galt und gilt als gotteslästerlicher Frevel, der sich zu Lebzeiten rächt, ein Kreuz oder einen Schöpflöffel zu versetzen. Dieses Tabu wurde hier deutlich sichtbar respektiert. Als das kleine, drei Meter breite Haus entstand, ließ man den Schöpflöffel unverrückt und baute um ihn herum. Auf halber Höhe, direkt neben ihm, liegt ein Fenster. Wissenschaftler kamen, klopften am Putz, um den Schall eines möglicherweise verborgenen, zugemauerten Schaftes herauszuhören. Seine Inschrift und Gestaltung wären für die Forschung interessant. Man vermutet, daß man auf »CLAIS B.« stoßen würde, denn sein Name kommt auf der sichtbaren Inschrift nicht vor. Wie buchstabierte er sich wohl diesmal? Die Hausbesitzerin, eine ältere Obermendigerin, lehnt eine Freilegung strikt ab: »Lassen Sie's ruhig so stehen, ich kenne es nicht anders von klein auf«, wehrte sie in einem Eifeler Platt ab, das Auswärtige erst nach dreimaligem Nachfragen verstehen, und

Eingemauertes Beligenmal von 1473

Der Nischenkopf von 1473, bekrönt von einem Antoniter-Stabkreuz, an dem Glocken hängen

auch: »Dann tät's mir nicht mehr sicher sein!« Bei der Neuverputzung des Hauses im Herbst 1985 wurden Wissenschaftler zur Begutachtung der bewußten Stelle nicht hinzugezogen. Die Frage nach einem vermauerten Schaft bleibt weiter Geheimnis.

Was von diesem Beligenmal an der Hausfassade noch zu sehen ist, wirkt vergleichsweise imposant. Es scheint, der Künstler arbeitete sich von Mal zu Mal freier. Der Nischenkopf, größer als die anderen, zeigt eine quadratische Nischenaussparung. Ihr oberer, girlandenartig geschwungener Rand verbreitert sich zu einer giebelförmigen Stirnfläche und wird von einem Antoniter-Stabkreuz mit Glocken gekrönt. Monumentale Minuskeln bilden auf der Stirnfläche das Wort »IHESUS«. Rechts und links davon erscheinen wie auf dem Genovefa-Kreuz die Symbole Wagenrad und Mühlstein. Kleiner geschrieben folgen auf den Seitenstreifen: »O S. MARIA« und »S. ANTONIU(s)« und dreizeilig unter der Nische: »DATUM ANNO DOMINI MCCCCLXXIII (1473) IN DEM MEIE (Mai).« Wieder haben die schönen Schriftzeichen dekorativen Charakter. Die Namen Jesu, Marias und des heiligen Antonius stehen zur Anrufung der ihnen zugeschriebenen Schutz- und Abwehrkraft. Mit dem heiligen Antonius ist hier der Einsiedler gemeint. Er beschützt, so der Volksglaube, Haustiere, besonders Schweine und hilft gegen Seuchen und Pest. Auf diesem Mal ist er doppelt »genannt«, einmal mit Namen und dann durch die Darstellung des Antoniterkreuzes, das dem Buchstaben T gleicht.

Heute verbirgt sich in dem Nischenkopf hinter einem weißgestrichenen Gitter eine grell bemalte Holzplastik, die angeblich »mindestens 300 Jahre alt« sein soll. »Das ist der Antonius von der Sau,« erklärte die Hausbesitzerin, »als er predigte, liefen alle davon, nur ein Schwein blieb bei ihm.« Wer genau hinsieht, erkennt am Rocksaum des Heiligen etwas rundes helles Vierbeiniges. Der Sohn hat den Heiligen unlängst übermalen lassen, »damit er aussehen soll«. Ein großes Schloß am Gitter behütet seine Existenz, denn er war schon einmal gestohlen worden. Viele wollten ihn ihr abkaufen, erzählt die Besitzerin, »aber meine Mutter tät sich im Grab rumdrehen, wenn ich den Antonius tät verkaufen wollen.«

Im Ritus der von Obermendig ausgehenden theophorischen Prozessionen zur Fraukirch wurde auf dem Rückweg an vier Stationen der sakramentale Segen gegeben. Nach dem Standort der Beligenmäler, die diesem Kult dienen sollten, umschritt man dabei, wie auch andernorts üblich, das Dorf. Die erste Station war demnach das Golokreuz, die zweite der Schöpflöffel von 1461 an der Dorfpforte und Straße in Richtung Mayen, dann erreichte die Prozession das Genovefa-Kreuz am Dorfausgang in Richtung Bell und Andernach. Zum Schluß hielt man an dem jetzt eingemauerten Mal nahe der Kirche.

Das Ensemble dieser vier Schöpflöffel vom Stifter Clais B., durchgearbeitete Kompositionen eines unbekannten Bildhauers mit den ältesten christlichen Inschriften auf

Früher kreuzbekrönter Schöpflöffel in Kell

Kreuzbekrönter Kopfteil des Schöpflöffels in Kell

Kreuzbekrönter, plumper, 1661 datierter Schöpflöffel

Basaltlavamälern und erstmaliger Datierung, haben in ihrer Zeit keine Schule gemacht. Von Ausnahmen abgesehen wurden Inschriften und Datierungen erst vom Ende des 16. Jahrhunderts an üblich, auf Grabkreuzen beginnen Zeitangaben um 1550. Erst ab 1630 gründeten sich Werkstätten, die die Lava wieder feiner bearbeiteten. Dazwischen waren es die Steinhauer, die die Produktion bewältigten und den Schöpflöffeln ihren archaischen Charakter gaben.

Vom Kreuz bekrönt

Aus dem Urtyp des Schöpflöffels entwickelte sich noch eine erweiterte Art, mit bekrönendem Kreuz. Es liegt dem Mal, das hergebrachte Form und Funktion behält, so auf, als sei es mit der Nischenwölbung beinahe verwachsen, so wenig heben sich seine konischen und abgerundeten Balken über das Mal hinaus. Etwas weniger geduckt, eher wie Dachreiter, sitzen Kreuze auf giebelförmigen Nischenköpfen. Da Schnittpunkt ihrer Arme und Scheitel des Giebels fast zusammenfallen, fehlt ihnen der nach unten laufende senkrechte Balken, es sei denn, man sieht in den beiden Giebelschenkeln des Nischenkopfes seine gespaltene Fortsetzung. Jedenfalls ragen die Kreuze nicht so frei und hoch heraus wie beim Genovefa-Kreuz. Vom 17. Jahrhundert an herrschte die kompakte, klare und kubische Form beim krönenden Kreuz vor, die die Schöpflöffel kopflastig und oft plump erscheinen läßt. Exemplare mit ausgewogenen Proportionen sind bei diesem Schöpflöffeltyp eine Seltenheit.
Nischenmäler ohne und mit Kreuzbekrönung entstanden lange gleichzeitig, auch als Inschriften üblich wurden. Genau wie bei den Flurkreuzen finden sich am Schöpflöffel als frühestes Merkmal des Stifters gelegentlich die »Hausmirks«, Hausmarken. Diese

Kreuzbekrönter, datierter Schöpflöffel in Polch, daneben ein alter Grabstein

Bildstock von 1631 in Bell, der in der Inschrift als »CREVTZ« bezeichnet wird

geometrischen, runenähnlichen Zeichen oder Berufssymbole dienten seit vorgeschichtlicher Zeit der Kennzeichnung bäuerlichen Besitzes, von der Kuh bis zum Brot. Auf den religiösen Wegemälern weisen sie die Identität des Stifters aus. Auch als schon das Datum mit den Initialen oder ausgeschriebene Namen des Stifters folgten und noch zur Zeit der Spruchinschriften verzichtete man nicht auf Hausmarken.

Während die einfachen Schöpflöffel, die noch bis zur ersten Hälfte des 17. Jahrhunderts errichtet wurden, meist undatiert blieben, tragen die mit Kreuzbekrönung häufiger das Stiftungsjahr. Ihre Zeit läuft mit dem Ende des 17. Jahrhunderts aus. Beide Typen zeigen im Verlauf der Entwicklung eine immer flacher werdende Nische, wahrscheinlich, weil deren Funktion erlosch, als das Allerheiligste bei Prozessionen in den hohen Monstranzen mitgeführt wurde. Die paßten wegen ihrer Höhe nicht mehr hinein. Seitdem gehören zum Schöpflöffel häufig kleine plumpe Steintische, auf denen die Monstranz abgestellt werden konnte. Eine Pyxis, der vorher übliche Behälter für die geweihte Hostie, ist bedeutend kleiner. Sie wurde in einigen Eifeldörfern länger benutzt, als es der Kirche lieb war, da armen Gemeinden Geld zur Anschaffung des prächtigen Schaugefäßes fehlte.

Während die flache leere Nische bei einem Teil der Mäler als Symbol fortlebte, wandelte sie sich bei dem anderen Teil, ebenfalls mit oder ohne Kreuzbekrönung, im 17. Jahrhundert zum Reliefbild. So entstand der Bildstock. Christus gehörte vorrangig diese kleine Szene, manchmal wurde eine Pietà dargestellt. Geflügelte Engelköpfe am Schaft, Voluten und Schwünge in der Umrahmung zeigen dabei das Barock an. Einige Merkmale der Gotik, spitze Giebel und Betonung der Senkrechten, hatten auf Schöpflöffeln schwachen Widerhall gefunden. Die Renaissance war wie spurlos an ihnen vorübergegangen.

Bildstock von 1628 beim Judenfriedhof, Niedermendig

Die Mühlsteinbrüche: gewaltige Wiege der Kreuze

Abbruch seit der Vorgeschichte

Allmählich wird die Basaltlava in den Mühlsteinbrüchen von Mayen und Mendig knapp. »Die Kerle haben mir den besten Stein gestohlen«, so klagen seit Jahrzehnten die Grubenbesitzer samt ihren Meistern. Die Kerle – damit sind die Steinbrecher seit der Jungsteinzeit gemeint und alle nachfolgenden Generationen, die hier Basaltlava brachen, über die Römer bis zu den Leyern, wie sie vom Mittelalter an heißen. Ley bedeutet hier in der Eifel Fels, Gestein. Eine Ley ist ein Steinbruch, die Ley das gesamte Grubenfeld. Seit fast fünf Jahrtausenden läuft im Mayener Grubenfeld mit dem dazugehörigen Kottenheimer Teil der Abbau ohne Unterbrechung. Allein bis zum hohen Mittelalter wurden rund fünf Millionen Kubikmeter Gestein bewältigt. Nördlich der Alpen war so eine Großindustrie in der Vor- und Frühgeschichte einmalig. Reib- und Mühlsteine wurden von hier in ferne Länder verhandelt, bis erst in unserem Jahrhundert ihre Herstellung durch die Einführung der Walzenmühlen aus Stahl nach dem Zweiten Weltkrieg allmählich erlosch. Die Qualität des Steines, seine Härte und gleichmäßig feine Porösität, die dem Haushalts- und Industriegerät bleibende Schärfe verliehen, hatte es unverwüstlich und dadurch begehrt gemacht. Die »Mühlsteinbrüche« von Mayen und Mendig, wie die Gruben wegen ihres vornehmsten Produktes immer hießen, lieferten auch Bausteine, die die Architektur dieser und der umliegenden Orte eindrucksvoll prägen. Sie sind außerdem die Wiege der Flur- und Wegekreuze und der Schöpflöffel.

Der Alte Kranen im Betrieb, Verladung von Mühlsteinen auf Loren nach Breslau. Anfang 20. Jahrhundert (Privatmuseum Michels, Niedermendig)

Erst ab etwa 1630 lagen deren Werkstätten außerhalb, im Ort. Bis dahin, seit dem Mittelalter schlugen dieselben Leyer Mühlsteine und Kreuze im Bruch zu, aus demselben dauerhaften Material, mit denselben Werkzeugen. Die Erschließung der Mendiger Vorkommen begann erst im Mittelalter, vielleicht ausgelöst durch den Gründungsbau der Abteikirche von Maria Laach zwischen 1093 und 1100. Sockel und Mauerverstärkungen an ihm sind aus Basaltlava. Obwohl Mayen in der Menge der Steingewinnung stets überlegen war, hieß der aus beiden Grubengebieten verarbeitete Basalt auswärts schon immer »Mendiger Stein«. Warum, weiß man nicht. Wer wie Meister Grün sein ganzes Leben mit beiden Lavasteinen arbeitete, meint jedoch, die aus Mendig sei etwas dunkler als die aus Mayen. Für Laienaugen sehen beide gleich schwarz bis grauschwarz aus.
Heute ist es den Steinhauern kaum noch möglich, »in den vollen Stein reinzugehen«. Schon lange ist man gezwungen, die alten und uralten Gruben unter ihren Schutthügeln, »Ahle Mann« (Alter Mann) genannt, auszugraben, auch bei Mendig. Denn die Alten nahmen nur ein Drittel bis zur Hälfte vom brauchbaren Stein weg. Was sie stehen ließen – wie beklagt wird, nicht immer das beste Material – , wird jetzt aufgearbeitet. Aber wegen Einsturzgefahr bleibt das im Mittelalter unterhöhlte Gebiet des alten Siedlungskerns von Niedermendig mit dem Marktplatz jetzt unangetastet. Niedermendig ist genau auf den Lavastrom gebaut.

Angeschnittener Untertagebau in Niedermendig

Das Mayener Grubengelände

Wer von Mayen mit dem Auto zum Industriegebiet Nord abzweigt und die reichlich vier Kilometer nach Ettringen fährt, durchmißt das gesamte Mayener Grubenfeld. Auf Luftaufnahmen erinnert es an eine Mondlandschaft. Die meisten Gruben sind verlassen, ausgebeutet, verödet und zum größten Teil zugeschüttet. Von der Autostraße aus gesehen, öffnen sich die Mühlsteinbrüche zu schwindelerregenden Schluchten und tiefen weiten Tälern. Ginster, Birken, kleine Eichen, ein paar Nadelbäume und Gras markieren zwischen ihnen die unregelmäßig und zerfasert stehengebliebene Erdoberfläche. Auf Grubenkanten und inselähnlichen Felsen erinnern, hochgehoben auf den gemauerten »Pfeilern«, elektrische Kranen, seit 1905 in Betrieb, an die Ausbeute vergangener Jahrzehnte.
Es sind kolossale, imposante Steinkulissen, die den aufgerissenen, vom Ettringer Bellerberg kommenden Lavastrom zeigen. Die bis zu zwanzig Meter Tiefe und mehr anstehenden Gesteinsmassen fügen sich einer straffen Ordnung. Beherrscht wird die Szenerie von monumentalen, dicht bei dicht senkrecht stehenden Säulen, »Schienen« im Fachjargon. Sie können bis zu fünfzehn Meter hoch sein und zwei Meter im Durchmesser haben. Sie sind das gesuchte wertvolle Material. In Mitteleuropa kommt es nur hier und in Mendig vor und ähnlich noch einmal in Volvic in der Auvergne, wo auch ein Reib- und Mühlsteinzentrum bestanden zu haben scheint. Jahrtausendelang drang mit

Verlassener Tagebau im Mayener Grubenfeld

Regenwasser vermischter Lehm zwischen die Schienen in ihr Gefüge, in die Spalten, die Schiene von Schiene trennen, und färbte ihre Oberfläche ocker-erdig ein.

Schon zu Beginn der Straße durch das Mayener Grubenfeld in Richtung Ettringen liegen rechts und links von ihr die Basaltgruben. Rechter Hand decken sie anfangs das schmale Gebiet bis zur Bahn, werden dann immer breiter und nehmen schließlich den gesamten Kottenheimer Wald ein. Hier wurde seit der Vorzeit, dem dritten vorchristlichen Jahrtausend, pausenlos bis heute Lava gebrochen, und hier finden sich auch noch eindrucksvolle Spuren der verschiedenen Abbautechniken durch alle Epochen.

So sind die kleinen, von Gras und Buschwerk bewachsenen Hügel und Wälle auf dem Gelände zum Teil Schutthalden vom Abbau aus der Vorzeit. Auf den Gruben nennt man sie »Rötschen«, abgeleitet von Rutsche, einer Holzrutsche, über die man früher bei der Arbeit im Bruch den Steinschutt hinunterrutschen ließ. An ihrem Ende türmte er sich. Der kleine Kottenheimer Wald wächst auf vorgeschichtlichen und römischen Rötschen. Aus der Römerzeit (Mitte 1. Jahrhundert v. Chr. bis zum Jahr 400 n. Chr.) stammen auch Mauerreste, die eine tiefe Grube nahe der Straße durchziehen. Aus Abfallsteinen sauber errichtet, zeigen sie, wie die Römer mit dem Abraum fertig wurden. Zur Mauer aufgeschichtet, nahm er geringsten Platz ein. Die zeitlich folgenden frühmittelalterlichen Abbaustellen zeichnen sich durch eine exakte »Köpfung« der Schienen aus, so daß fast ebene Flächen auf dem Stein entstanden. Wie große Höhleneingänge, schwarz, unheimlich sehen die angeschnittenen mittelalterlichen und neuzeitlichen Untertagebaue aus. Viele sind zugeschüttet.

Mit der tiefschürfenden Restausbeute der alten Gruben in den letzten Jahren sind nach und nach die meisten Rötschen und

Schienen

Vorzeitliche Rötschen im Mayener Grubenfeld

andere Geländedenkmäler dieser bedeutenden uralten Steinindustrie bereits abgetragen worden, und bald werden alle verschwunden sein. Sie waren und sind Fundgruben für Forscher, die hier Werkzeuge, halbfertige Reib- und Mühlsteine und Schlagspuren an Steinen entdeckten, die Rückschlüsse auf Methoden und Technik des Abbaus möglich machten. Das Material, das bei der Restausbeute der letzten fünfzehn Jahre zum Vorschein kam, ist wissenschaftlich noch nicht ausgewertet. Ein großes interessantes Grubengebiet, in dem vom 11. bis zum 15. Jahrhundert Mühlsteine hergestellt wurden und das im Anschluß die Straße weiter hinunter vor dem kleinen Mayener Bellerberg liegt, wurde seit 1973 als Mülldeponie benutzt und ist nun zugeschüttet.

Auf der gesamten linken Seite der Straße durch das Grubengelände ist, bis auf eine Stelle römerzeitlichen Abbaus, der Stein seit dem Mittelalter meist untertage gebrochen worden. Am Ende der kleinen Landstraße dann, kurz vor der Kreuzung nach Ettringen, zeigt sich rechts scharfkantig, halbmondförmig und kahl der Ettringer Bellerberg, Kraterrand des Vulkans, der einst die kostbare Lava ausspie. Er setzt sich gegenüber im bewaldeten Kottenheimer Büden fort, im Norden und Süden war er von der ausfließenden Lavaglut durchbrochen worden. Sie lieferte nordwärts das kleine Kottenheimer Winfeld, auf dem auch schon seit der Vorgeschichte Lava gebrochen wurde, und im Süden über eine Länge von zwei Kilometern den »Mayener Lavastrom«, der das Mayener Grubenfeld bildet. Zwischen Ettringen, Kottenheim und Mayen erstreckt sich die Basaltlava insgesamt ungefähr über sechs Quadratkilometer. Sie wird auf etwa 150 000 Jahre alt geschätzt, wie auch die Mendiger Lavaströme, die dem Gebiet von Thelenberg und Wingertsberg entstammen.

Abbauspuren aller Epochen auf dem Mayener Grubenfeld. Im Vordergrund Mauerreste der Römerzeit

Der Ettringer Bellerberg

Lava wie Glas und Felsenbier

Im Vulkangebiet des Laacher Sees ergossen sich etliche Lavaströme, wie kegelförmige, die Landschaft prägende Berge es noch anzeigen. Der älteste von ihnen, der Schellenkopf bei Brenk, führte die Reihe vor über 500 000 Jahren an. Was macht gerade die Basaltlava des Ettringer Bellerberges und die im benachbarten Mendig aus dem Gebiet von Thelenberg und Wingertsberg – mineralogisch ein Leuzit-Tephrit – so einzigartig? Warum ist sie unverwüstlich und bereits seit der Jungsteinzeit ein so beliebter Werkstein? Auf eine Formel gebracht, könnte man sagen: ihre gleichartige und poröse Beschaffenheit. Die gleichartige Beschaffenheit (Homogenität) entstand dadurch, daß diese Lavaströme, glutflüssige Gesteinsschmelzen von über 1000 Grad Celcius, an der Oberfläche ausflossen. Dort vollzog sich die Abkühlung nämlich so schnell, daß die Lava wie plötzlich gefroren erstarrte und auf diese Weise beinahe so homogen wie Glas wurde (Glas ist gleichfalls erstarrte Schmelze). Denn die in der Gesteinsschmelze enthaltenen verschiedenen Mineralien hatten nicht Zeit gehabt, in kristalinen Zustand überzugehen. Das geschah aber bei langsamer Abkühlung von vulkanischem Gestein, zum Beispiel bei Trachyt, der mehrere hundert Meter tief in der Erde erkaltete. Nach und nach, mit abnehmenden Temperaturen, kristallisierten dort die Mineralien aus, eins nach dem anderen. Es entstand ein pflastersteinartiges Gefüge verschiedener Kristalle. Die dehnen sich bei Wärme unterschiedlich aus und ziehen sich bei Kälte entsprechend unterschiedlich zusammen. Die Folgen sind Spannungen im Gestein, die dann zu Rissen führen. In die Risse dringt Wasser, das bei Frost friert und den Stein schließlich sprengt.

Diese Verwitterung ist bei »unserer« Basaltlava nicht möglich, da ihre Mineralien in geschmolzenem Zustand erstarrten, also nicht auskristallisierten. Die erkaltete Lava blieb eine homogene Masse, das heißt, sie reagiert auf Wärme und Kälte mit gleicher Ausdehnung und gleichem Zusammenziehen. Wo sich gelegentlich, sozusagen als Ausnahme, doch noch feinkörnige Kristalle hatten bilden können, reißt auch sie. So ein Stein ist meist unbrauchbar.

Die dem Glas ähnliche Homogenität der Lava ist auch ihr wirksamer Schutz gegen Säuren und Basen, da sie hier keine Angriffsflächen finden. Die Luftverunreinigungen ausgesetzten Flur- und Wegekreuze aus Basaltlava zeigen daher, ganz im Gegensatz zu denen aus Sandstein und Trachyt, keine Schäden. Sie stehen zum Teil länger als funfhundert Jahre in alter Frische und Dichte. Das hat die Eifeler Kreuzlandschaft allen anderen voraus. Mayener und Mendiger Betriebe leben heute davon, an Kirchen in ganz Deutschland Architekturteile, die von Verwitterung und saurem Regen hart angegangen sind, durch Lava zu ersetzen.

Zur Homogenität tritt als zweites Qualitätsmerkmal der Lava ihre gleichmäßig schaumige brotteigartige Struktur. Sie macht Bearbeitung von Menschenhand erst möglich. Die Druckfestigkeit beträgt dabei immer noch 900 bis 1500 Kilogramm pro Kubikzentimeter. Ohne die gleichmäßig verteilten kleinen kugeligen Löcher, die gleichmäßige Porösität, hätten die Kreuzemächer ihre Meißel zum Herausarbeiten eines Corpus Christi weder in den Stein einführen noch gezielte Abschläge erreichen können. Ihre Entstehung verdanken sie dem bei der Eruption ausströmenden Gas. Es durchsetzte, durchdrang den Fluß der Mayener und Mendiger Lava so, wie die perlende Kohlensäure das Mineralwasser. Derart fein und gleichmäßig hatte das nur geschehen können, weil die metallreiche, basische und daher auch dunkle Basaltlava dünnflüssig wie Wasser war. Zum Beispiel floß Trachyt dagegen zähflüssig, da reich an Quarz, darum sauer und heller. Bei ihm verlief, wie auch bei anderen Laven, die Durchgasung daher schwächer und ungleichmäßig.

Die Porösität der Basaltlava verhindert, daß Regen, Schnee und Frost den Kreuzen im Freien etwas anhaben können, da die Löcher wie Ventile wirken und so im Stein kein schädlicher Druck entstehen kann. Ihr ist es auch zu danken, daß im 18. und 19. Jahrhundert die verlassenen unterirdischen Schächte in Mayen und Mendig als Lagerhallen für Bier genutzt werden konnten: durch die aufliegenden Bimsschichten sikkerte Regenwasser und drang in die Lavawände, breitete sich in ihnen durch die Schaumstruktur schnell aus und erreichte dabei eine riesige Oberfläche. Die förderte das Verdunsten, ein Vorgang, der Wärme verbraucht. Die Schachttemperatur sank, sie hielt sich bei ungefähr fünf Grad Celsius, zur Lagerung und Ausreifung von Bier gerade die richtige Höhe. Mehr als 20 Brauereien ließen sich nieder.

Begünstigend für die Biererzeugung kam hier hinzu, daß das Niedermendiger Wasser hervorragende Qualität hatte und das Maifeld, Kornkammer der Eifel, zum Anbau für Gerste vor der Tür lag. Das »Niedermendiger Felsenbier« war im 19. Jahrhundert so berühmt, daß sogar in Bayern kein Brauereimeister angestellt wurde, der nicht eine zeitlang in Niedermendig Erfahrung gesammelt und gelernt hatte. Mit der Erfindung des künstlichen Eises 1904 verschwanden die Brauereien wieder, bis auf zwei. Noch einmal aber sollten die Niedermendiger ihre ausgebeuteten Schächte, die sogenannten unterirdischen Keller nutzen. Als die Stadt gegen Ende des Zweiten Weltkrieges wegen ihres nahegelegenen Militärflughafens massierten Luftangriffen ausgesetzt war, zog die Bevölkerung in die Gruben, bis zu 167 Stufen unter der Erde. Dort spielte sich das Leben in Holzbuden mit Kanonenöfen ab.

Fünfeckige Schienen

Wie ein Blick in jede Grube zeigt, macht das brauchbare Gestein, die Schienen, den mächtigsten Teil des Lavastromes aus. Ihre meist fünf- aber auch sechsseitige prismatische Säulenform entstand, weil der ungefähr gleichmäßig dicke Lavastrom, eine homogene Masse, gleichartig und gleichzeitig auf die Abkühlung an der Oberfläche mit Zusammenziehen reagierte. Das Volumen der über 1000 Grad Celsius heißen Schmelze verkleinerte sich dabei. Senkrecht zur Stromrich-

Brauereien von Niedermendig, Ende vorigen Jahrhunderts

tung bildeten sich erst Risse, dann Spalten. Zwischen ihnen stand schließlich die zu Schienen geschrumpte Masse. Unten, wo der Lavafluß mit dem kalten Boden in Berührung kam, erstarrte er unregelmäßig. Diese Schicht, Dielstein oder Framm genannt, ist technisch wertlos. Auch das den Schienen aufliegende »Siegel«, in sich verhaktes Gestein, wurde nicht verwertet, da es für Mühlsteine zu klein war. Schlacken bilden die Oberfläche des Lavastroms. Alle Schichten einberechnet, mißt seine Dicke zwischen 15 und 25 Meter, ausgenommen das Kottenheimer Winfeld, das 60 Meter erreicht. Die aufliegende Schicht von Löß und weißen, vor allem vom Laacher Vulkan stammenden Bimstuffen beträgt in den Mayener Gruben bis zu 2 Meter, in Mendig jedoch 10 und mehr.
Darum war in Mendig Untertagebau das Gegebene. Wann er genau begann, ist ungewiß. Aber aufgrund eines Vertrages aus dem Jahr 1500 zwischen Mayener, Kottenheimer und Niedermendiger Leyern über Leyen mit und ohne Winde (zum Heraufziehen der Steine) schließt man auf bereits bestehenden Schachtbau zu dieser Zeit sowohl in Niedermendig als auch in Mayen. Diese Methode blieb vorherrschend. So gab es 1842/45 zum Beispiel in Mayen 300 Schachtbauten und nur 20 Tagebauten. Erst gegen Ende des 19. Jahrhunderts kam dort der Umschlag wieder zum weitaus weniger gefahrvollen Tagebau. In den Mendiger Mühlsteinbrüchen wurde noch bis 1950 unterirdisch gearbeitet.

Vom Feuersetzen zur »Niederlage«: Abbautechnik und Werkzeuge

Wie werden die Schienen abgebaut? Die »Niederlage« wird gemacht, indem unten an der Schiene mit dem Weckhammer Keile (Wecken) in eine vorgefertigte Rille getrieben werden, die durch gleichmäßiges Anzie-

Zwei Schienen

Untertagebau in Niedermendig, französischer Stich um 1800 (Privatmuseum Michels, Niedermendig)

Angeschnittener Untagebau in Niedermendig

hen, Schlag auf Schlag die Reihe entlang, den Stein schließlich quer durchtrennen. Die freistehende Säule wird nun von oben mit dem Brecheisen weggedrückt und niedergelegt. Wieder mit Keilen, die diesmal in einzelnen Keillöchern stecken, und dem Weckhammer, einem faßförmigen Haueisen, wird die Schiene in Flußrichtung des Lavastromes in die gewünschten Portionen zerlegt, um anschließend von diamantbeschichteten Sägeblättern maschinell in dünne Platten zerschnitten zu werden. Bis auf die mit Preßlufthämmern gebohrten Keillöcher, die früher der Meißel schaffte, und den Einsatz der ohrenbetäubend kreischenden Säge ist die heutige Technik der Niederlage und Zerstückelung seit dem frühen Mittelalter unverändert und dabei eigentlich nur eine Variation der römischen Arbeitsweise auf den Brüchen. Denn die Römer hatten die in Gallien und Italien übliche Keilspaltung in die Eifel gebracht. Während aber bei ihnen die Keile in einzelnen Löchern steckten, ging man in fränkischer Zeit auf Keilrillen über, und dabei blieb es. Wie der Weckhammer gehörte auch die »Flächt« aus der Römerzeit bis in unser Jahrhundert in jede Steinhauerwerkstatt. Sie ist ein Doppelkeilhammer, dessen breite scharfe Kanten die Steinoberfläche glätten, sie feinrillig schraffieren. Fertige Mühlsteine und Kreuze waren stets »geflächt« oder »gebeilt«, wie man sagt.

In vorgeschichtlicher Zeit, vom dritten vorchristlichen Jahrtausend bis zum Beginn der Eisenzeit um 800 v. Chr., entriß man den Schienen Stein noch durch stundenlanges Feuersetzen an der gewünschten Trennstelle und anschließendes rasches Abkühlen mit Wasser. Man ging dabei den Berg von außen in breiter Front an. Zur Weiterverarbeitung der abplatzenden Brocken wurden Rillenbeile aus Hartbasalt benutzt, der vom Hochsimmer und Lorenzfelsen am Laacher See stammt und eine Druckfestigkeit von 3300 bis 3600 Kilogramm pro Kubikzentimeter hat. Mit diesen bis zu 32 Pfund schweren Beilen, die in Zweigschlingen geschäftet waren, ging man dann auch zur Schlagspaltung über: wo die Abspaltung von der Schiene erfolgen sollte, schlug man eine breite Rille aus. In die setzten sich nach weiteren Hieben Rissse, die immer tiefer und breiter wurden, bis der Stein schließlich losbrach. Dieses die Feuerspaltung ablösende Verfahren wurde bis etwa ins dritte vorchristliche Jahrhundert praktiziert, mit fortgeschrittener Technik noch bis zum Beginn der Zeitrechnung. Der Fortschritt waren vergleichsweise elegante, leicht zu handhabende eiserne Doppelspitzhämmer, die tiefere Spaltrillen und dadurch genauere Berechnung des abzulösenden Werksteins ermöglichten. Sie waren 24 Zentimeter lang, 6 breit und wogen 5 Pfund. Etwas schlanker, insgesamt aber größer und mit Stahlverstärkung der Spitzen hat die vorgeschichtliche Doppelspitz bis in unsere Tage überlebt, kommt aber nur noch für seltene Sonderaufträge an Hausfassaden aus Basaltlava zur Anwendung. Jeder Hieb löst einen ovalen Absplіß. Die Doppelspitz ist das Werkzeug zum Ebnen der Oberfläche gewesen. Ihre »gespitzten«, holperigen, reliefartigen Spuren wurden anschließend von der Flächt geglättet.

Das heute noch meistgebrauchte Handwerkszeug zum Einpassen von Blöcken in die Sägen oder Zurichten von Rohlingen in der Steinmetzhütte ist der frühmittelalterliche Wetzkopf, der nur in der Eifel vorkommt. Auf dem Genovefa-Kreuz von 1462 ist er als Symbol der Mühlsteinherstellung deutlich erkennbar. Er diente der Rohbearbeitung und Formgebung. Seine Schlagfläche heißt bei den Steinhauern »Auge«. Es steht spitzwinklig zum Stiel und ist leicht konkav ausgeschliffen, so daß nur das obere Drittel auf den Stein trifft. Mit seinem zweiten spitzen Ende werden gelockerte Teile losgemacht.

Zur Herstellung der Mühlsteine, die im Laufe des Mittelalters immer größer wurden, und zum Schlagen eines Kreuzes waren also drei Werkzeuge nötig: für grobes Zurechthauen Wetzkopf, zur anschließenden Oberflächenbehandlung erst Doppelspitz und danach Flächt. Mit Beginn von bildlichen Darstellungen an Kreuzen im 16. Jahrhundert kam der Meißel hinzu, der mit dem Eisenfäustel (kleiner Hammer) in den Stein getrieben wurde. Der Umgang mit diesen alten Handwerkzeugen wird heute nur noch

Wetzkopf (4–6 kg), Doppelspitz (etwa 3 kg), Flächt (2,5–3 kg)

von vereinzelten Steinmetzmeistern gelehrt, als Voraussetzung für die Benutzung der »schnellen« Preßlufthämmer, die üblich geworden sind. Der letzte Werkzeugschmied für die klassischen Geräte, Peter Lung aus Kottenheim, starb 1984 mit 82 Jahren.

Produkt und Handel

Während die Flur- und Wegekreuze innerhalb heimatlicher Regionen blieben – Grabkreuze gelangten dagegen nach Köln, Bonn, sogar nach Duisburg – war der Mühlsteinhandel international. Die ersten Mayener Erzeugnisse, brotlaibförmige Reibsteine mit dazugehörigem »Läufer«, einem kleineren kugelrunden Stein, gelangten in der Jungsteinzeit schon nach Belgien, in der Bronzezeit vom Rheinmündungsgebiet bis Südengland und auf die Shetland-Inseln. Ihre Nachfolger, große flache Reibplatten und die »Napoleonhüte«, benutzte man bis in die Schweiz. Die nach Napoleons Dreispitz benannten Steine hatten eine spitzovale Reibfläche und einen dreieckigen hohen Kiel, der zur Befestigung des Gerätes in die Erde gesteckt wurde. Anschließend brachte die Entwicklung Pendel- und Rundmühlen, aus denen sich die Römer ihre »Legionärsmühlen«, einen Exportschlager, herleiteten. Das Geschäft weitete sich nun allmählich entlang der Nordseeküste und bis ins Nekkar- und Donaugebiet aus. Haithabu, die Handelsstadt der Wikinger bei Schleswig, vermittelte Mühlsteine im Tausch in den Ostseeraum bis nach Rußland, die Ukraine und nach Grönland. Auch in der Neuzeit riß der Bedarf an Eifeler Mühlsteinen nicht ab. »Man treibt damit einen ansehnlichen Handel und versendet viele Mühlsteine nach Rußland, Holland, England, Brandenburg und verschiedene Länder,« heißt es 1789 in einem Bericht. Fünfzig Jahre später meldete der »Westfälische Anzeiger« stolz die Erschließung des nordamerikanischen Marktes, da die Steine der Blauen Berge »weich sind und sich schnell abnutzen. Die von Niedermendig sind dagegen hart und deswe-

Modell einer Frau, die mit dem Napoleonhut Korn mahlt (Privatmuseum Michels, Niedermendig)

gen hervorragend brauchbar.« Altbekannte Qualität erreichte die Neue Welt.
Ausgangspunkt für den auswärtigen Handel war Andernach. Aber die hohen Handelsherren saßen in Köln, dem Hauptumschlagplatz. Dorthin ging jedes Schiff, dort erst wurde die Fracht endgültig verladen. Seit dem 17. Jahrhundert gehörten auch noch unbeschriftete Grabkreuze für den Kölner Raum dazu. In Andernach konzentrierten sich die Vorbereitungen zum Abtransport der aus Mayen und Mendig mit Pferdefuhrwerk angekarrten Mühlsteine um den »Alten Kranen«. Der Rundbau von 1554, dessen Hebearm durch das hölzerne Tretwerk von mindestens zwei Personen bewegt werden mußte, war bis 1911 in Betrieb. Seit diesem Jahr wurde in Andernach mit der Errichtung von Gaswerken Elektrizität erzeugt. Elektrisch betriebene Kräne lösten nun den »Alten Kranen«, der 1896 noch renoviert worden war, ab. Damit war die Verlegung des Hafens um mehr als einen Kilometer verbunden.
Der »Alte Kranen« steht am Ausgangstor des Neuwieder Beckens am »Nebelloch«, wie die Einheimischen diese reizvolle Stelle des Rheines gegenüber vom Leutesdorfer Weinberg am Ende der Andernacher Uferpromenade nennen. Heute ist der »Alte Kranen« ein vielbeachtetes Denkmal. Hier gaben die Steinhauer seinerzeit den Mühlsteinen ihren letzten Schliff, das heißt die Mahlschärfen, und hier kontrollierten amtlich angestellte Mühl- und Decksteinbeseher deren Qualität und Maße, um anschließend den ersten Zoll für den Landesherrn, den Kurfürsten von Trier, zu kassieren.
Die kostbarsten Exemplare waren die größten, »Siebzehner« und »Sechzehner«, Stolz eines jeden Grubenbesitzers. Denn diese 17 rheinische Zoll (44,6 Zentimeter) und 16 rheinische Zoll (42 Zentimeter) dicken Mühlsteine mit dem Durchmesser von fünf

Stich des 19. Jahrhunderts mit dem »Alten Kranen« in Andernach (Stadtmuseum Andernach)

Der »Alte Kranen« in Andernach heute

Schuh und drei Zoll (165,5 Zentimeter) und fünf Schuh (157,5 Zentimeter) setzten entsprechend umfangreiche Schienen voraus, die nicht alle Tage in der Grube zum Vorschein kamen. Waren die Mühlsteine einwandfrei, vollkommen, »gesund«, tönte der prüfende Anschlag mit einem kleinen Wetzkopf »silberganz«. Enthielten sie einen Riß, war der Klang »lahm«, dunkel scheppernd. Entsprach zwar der Durchmesser der Norm, nicht aber die Dicke, hießen die Mühlsteine »Juffer«, das bedeutet, sie waren so dünn wie eine »Jungfer«. Alle diese Merkmale schlugen sich im Preis nieder. Die Größen staffelten sich vom Siebzehner, der etwa fünf Zentner wog, bis zum Neuner. Ein Zwölfer war ein »Wolf«, alle kleineren hießen »Quere«, »Quire« oder »Quirle«. Die Mühlsteine unter den vielen Flur- und Wegekreuzen haben mittlere, manchmal »Wolfs«größe, eine Dicke von etwa dreißig Zentimetern und einen Durchmesser von 110 bis 120 Zentimetern. Der »gespitzte« Steinkoloß unter dem Golokreuz von 1471 war an eine Mühle nicht mehr zu verkaufen – der Steinhauer hatte am linken unteren Rand zuviel weggeschlagen. Das kam aber ziemlich selten vor. Meist waren die Mühlsteine unter Kreuzen »lahm« infolge eines Kristalleinschlusses. Quirle sieht man in Thür, Niedermendig und Obermendig auf Schritt und Tritt auch als Ecksteine an Hausfundamenten. Sie zeigen an, daß der Bauherr auf der Ley arbeitete, wo er sich mit verworfenen Stücken von der Halde eindecken durfte. Gelegentlich fanden sie noch als »Hundspisser« Verwendung, wie man in Niedermendig die beiden Prellsteine bei der Hofeinfahrt nennt.

Auf der Ley

Schon immer bestand die Basaltindustrie aus Klein- und Kleinstbetrieben. Hier galt das Leyerrecht. Der Grundeigentümer, »Lehnherr«, verpachtete sein Land an einen Unternehmer, den »Erbherrn«, der dann

Mühlstein als Podest eines Kreuzes in Obermendig

Eingebauter Mühlstein in Thür

Leyer anwarb. Sie führten den Betrieb selbständig und waren die Fachleute auf den Steinbrüchen. Im Bergbau kannten sie sich aus, und das Material war ihnen durch und durch vertraut. Sie brachen es, und als tüchtige Handwerker fertigten sie die Mühlsteine, Bausteine, Kreuze und Schöpflöffel an. Ab 1500 entwickelte sich auf den Brüchen eine Arbeitsteilung. Der Leyer war nun nur noch einfacher Steinbrecher, die Verarbeitung zum mehr oder weniger kunstvollen Werkstein blieb dagegen Steinhauern vorbehalten.

Bei der Bezahlung spielten die Siebzehner und Sechzehner, auch ihre Juffern die große Rolle. Der Lehnherr, der das Holz für die Winde geben mußte, erhielt von ihrem Erlös den 11. und 12. Teil. Ein Drittel stand dem Erbherrn zu, der den Schacht ausheben und die Winde anfertigen mußte. Die restlichen zwei Drittel gingen an die Leyer, die den Schacht ausmauerten und das Seil für die Winde stellten. Ihnen gehörten auch sämtliche kleineren Mühlsteine. Am Ausgang des 18. Jahrhunderts waren Lehn- und Erbherr meist schon eine Person.

Die Arbeit auf der Ley war hart und gefährlich und forderte von Anbeginn ihre Opfer. Wirklichkeitsnah und sozial waren daher die im 17. Jahrhundert gegründeten Bruderschaften der Leyer wie eine Krankenkasse organisiert. Sie griffen der Bismarckschen Versicherungspflicht weit voraus. Mitgliedsbeiträge kamen den auf der Grube Verletzten zugute. Im Todesfall wurden die Hinterbliebenen mit Geld unterstützt. Den tödlich Verunglückten wurde ein Kreuz errichtet: »BLIB IN DER LEI DOT« oder »IN DEN LEIEN TOD«, heißt es darauf. Eintragungen im Sterberegister der Niedermendiger Kirchenbücher nennen dazu die Todesursache: »1735 wurde Theodor Boberg auf der Engelslay durch den Treibbaum getroffen und starb.« Dasselbe Schicksal konnte eine Frau ereilen: »1737 wurde die tugendsame Jungfrau Lucia Röser unglücklicherweise auf dem Steinbruch mit der Wind umgangs Baum getroffen und starb.« Nicht nur vom

Zwei Männer beim Däuen in Niedermendig, französischer Stich des 19. Jahrhunderts (Privatmuseum Michels, Niedermendig)

Stein, auch vom Treibbaum der Winde, dem Däuarm, konnte also der tödliche Schlag oder Stoß in die Grube kommen, meist durch Reißen des Seils. Den Däuarm drückten Männer mit der Brust im Kreis herum, wodurch der Stein hochgewunden wurde. Später übernahmen Ochsen und Pferde diese Aufgabe an der Winde, auch Göpelwerk genannt. Frauen und Kinder halfen in Niedermendig beim Abtragen der Bimsschicht mit Körben, wenn neue Schächte in Glokkenform, die »Geglöcks«, angelegt wurden. Dabei war Lucia Röser wahrscheinlich in die Nähe des Däuarms geraten. Bis zur Einführung der elektrischen Kräne 1903 betete man vor jedem Däuen ein Vaterunser.
Wer sich nicht auskannte und unversehens in die Gruben geriet, wie Pastor Kessenich am 12. März 1686, riskierte das Leben. Der Benediktinermönch, fast zwanzig Jahre Seelsorger von Niedermendig, stürzte nach einem Besuch in Maria Laach in den Steinbrüchen zu Tode. Das für ihn errichtete Unfallkreuz wurde 1909 restauriert und vom Unfallort in den Pfarrgarten gegenüber von St. Cyriakus überführt. Efeu umrankt es heute.

Der Teufel und das Geld

Reichtum durch Mühlsteine war üblich. Er sammelte sich aber vornehmlich bei den Händlern an und konnte dann gewaltige, neiderregende Ausmaße annehmen. Darauf kam vor zwei Jahren bei der feierlichen Einsegnung eines neuerrichteten Wegekreuzes, das ein aus dem 18. Jahrhundert verschollenes ersetzte, die Rede. Der Stifter des Ersatzkreuzes, der Ackerer- und Bauernverband von Mendig, hatte auch Bilder der Geschichte der Mühlsteinindustrie in

Frauen bei der Arbeit auf einer Grube bei Niedermendig, Stich vom Anfang des 19. Jahrhunderts (Privatmusem Michels, Niedermendig)

Grubenmannschaft am Göpelwerk um die letzte Jahrhundertwerde in Niedermendig (Privatmuseum Michels, Niedermendig)

Unfallkreuz im Pfarrgarten

1981 erneuertes Wegekreuz in einem Steinblock

Rückseite mit Bildergeschichte der Mühlsteinindustrie

den Steinblock meißeln lassen. Das regte einen alten Bauern an, vor den hundert Anwesenden die unheilige Geschichte des legendären Mendiger Mühlsteinhändlers Bernhard Keib zu erzählen, der vor gut 350 Jahren gelebt hatte. Ehe er zu sprechen begann, genauso, wie er es von seinen Eltern so oft gehört hatte, ließ der Bauer eine Flasche Sekt am Kreuzstein zerspringen. Der überraschte Priester unterließ daraufhin die übliche Besprengung mit Weihwasser.

»Der Bernhard Keib ließ seine Mühlsteine über Andernach bis nach Amerika verschiffen. Durch diesen Handel war er plötzlich reich geworden. Daran stießen sich natürlich die Leute, und so behaupteten die Niedermendiger, er hätte mit dem Teufel zu tun. Und eines Tages war er spurlos verschwunden. Patres aus Maria Laach hätten ihn mit einer Chaise (Kutsche) abgeholt. Und dann wußte keiner mehr von ihm . . ., nur, so habe er verlauten lassen, er würde die Straße von seinem Haus bis zur Kirche mit Glas auslegen lassen, wenn er wieder freikäme.«

In einer anderen Version erzählt man sich, Bernhard Keib habe die Straße zur Kirche mit Gold pflastern wollen, um freizukommen. Er sei immer spät zu Bett gegangen. Lange in die Nacht hinein hätten die Leute Licht bei ihm brennen sehen und ihn nach dem Grund gefragt. »Ich zähle mein Geld und der Teufel hilft mir dabei,« habe Keib geantwortet; »ich habe soviel Geld, daß ich ein Glasdach von Laach nach Niedermendig über die Straße bauen lassen kann, damit die Mönche von Laach trockenen Fußes nach Niedermendig gehen können.« Keibs Reichtum hatte Neid und Mißgunst bei den Bürgern erregt, und so wurde ihm Machenschaft mit dem Teufel angehängt. Im Lagerbuch der Niedermendiger St. Cyriakuspfarrei steht in gemalten Handstil geschrieben, der Mühlsteinhändler Bernhard Keib, gestorben am 21. 2. 1626, habe der Kirche reichliche Stiftungen hinterlassen. Von ihm gehe das Gerücht um, er sei unschuldig als Hexenmeister verbrannt worden. Noch dies Jahr und auch in Zukunft wird für ihn alljährlich eine Messe gelesen, die er einst selber stiftete, für »ewig«, wie es im aktuellen Stiftermessenbuch von St. Cyriakus zu lesen steht.

Gestalt und Vorbild

Häufig waren plastische Darstellungen am Basaltlavakreuz teilweise oder ganz in mittelalterlicher Tradition bunt bemalt, wie Farbreste – Rot, Blau und ein Fleischton – in tiefgelegenen Steinporen und deutlicher sichtbar an vermauerten Stücken gezeigt haben. Wußten die Kreuzemächer, daß die Farbe nicht ewig halten würde? Bis auf gelegentliche Spuren verwitterte sie und gab die schwarze poröse Oberfläche wieder frei. Die Kreuzemächer bearbeiteten die Lava so, daß sie auch ohne Farbfassung wirken kann. Man sieht heute einen besonderen Reiz darin, daß die Sonne mit ihrem Licht- und Schattenspiel auf dem dunklen »schaumigen« Material Plastizität und Lebendigkeit der Christusgestalten zu steigern vermag, ein Effekt, der sich auf italienischen Barockgemälden mit bewußt scharf gemalten Schatten einstellt. Um starke Kontrastwirkung zwischen den »durchleuchteten« Partien und den beschatteten zu erreichen, mußten die Meister Kanten und Konturen (auch der Schrift) viel stärker herausarbeiten, also tiefer in den Stein gehen als bei gleichmäßigem Material wie zum Beispiel Sandstein. Denn die feinlöchrige Lava »schluckt« so viel Licht, daß sonst Konturen und Schatten verwaschen und diffus wirkten. Arme, Beine und Schultern eines Christuskörpers wurden daher häufig »durchstochen«, wie es in der Fachsprache heißt. Das bedeutet, sie kamen aus dem Relief vollplastisch heraus, hoben sich stellenweise frei vom Kreuz ab. Nur so können sich die tiefen, wirkungsvollen Schatten bilden. Bei indirektem Licht tritt die Struktur der porösen Lava mehr hervor.

Vom Mühlsteinbruch zur Spezialwerkstatt

Kruzifixe wurden die beliebteste Form des gestifteten Wegemals, als die Spezialwerkstätten aufkamen. Die ersten gründeten sich um 1630, im Laufe der Jahrzehnte kamen weitere hinzu. Nacheinander und mit Überlappungen unterscheidet man bis weit ins 19. Jahrhundert hinein mehr als sechzehn. Im 20. Jahrhundert war die Mayener Steinmetzfachschule prägend. Vor den Spezialwerkstätten sind die Mühlsteinbrüche von Mayen und Mendig Fertigungsorte der Kreuze und Schöpflöffel gewesen. Hier beherrschte das große Mühlstein-Exportgeschäft die Produktion. Aufträge zu einem religiösen Mal bedeuteten für den Leyer (Steinbrecher) Nebenarbeit, die er als bester Kenner des Steinmaterials und mit geübtem handwerklichem Geschick bewältigte. Je nach Begabung fiel der Schöpflöffel wohlproportioniert oder plump oder windschief aus. Künstlerische Gestaltung zeigten im ausgehenden Mittelalter nur die vier Schöpflöffel des Stifters Clais Beligen. Wer ihr Meister war, ist unbekannt.

Um 1500 bahnte sich dann eine Spezialisierung auf den Brüchen an, wie aus einem landesherrlichen Vergleich hervorgeht. Er beendete den Streit um Zuständigkeiten zwischen Leyern und Steinhauern, die sich inzwischen hochgearbeitet und die Leyer überflügelt hatten. Die Leyer sollten sich dementsprechend auf das Brechen des Steins beschränken, während seine grobe und feine Bearbeitung alleiniges Revier der Steinhauer wurde. Nicht mehr die Leyer, sondern Steinhauer fertigten nun Kreuze und Schöpflöffel. 1540 gründete sich in Mayen die Sammelzunft »Die Ehrsame Hämmererzunfft«, der auch die Steinhauer angehörten. Inzwischen waren die Qualitätsansprüche gestiegen: Zur Aufnahme in die Zunft wurde ein Meisterstück gefordert, und Leyer, die nur noch einfachen Steinbrecher, durften nicht Mitglied werden.

Der Aufstieg des Handwerks hatte die Grundlage zur Bildung von Spezialwerkstätten geschaffen, die Kreuze mit bildlichen Darstellungen ausführen konnten. Als die Nieder- und Obermendiger Steinhauer in die Mayener Steinhauerzunft aufgenommen wurden, hatten die beiden größten Betriebe

Kruzifix von 1654 bei Kaifenheim aus der großen Mayener Werkstatt

Kreuz ältester Form mit den typischen abgerundeten Balkenenden und Zwickeln. Aus der Sammlung des Stadtmuseums Andernach

bereits zu arbeiten begonnen. Hand in Hand mit dieser Entwicklung verlief der sich ausdehnende Handel. Grabkreuze, die über den Eifeler Raum hinaus, vor allem nach Köln verschifft wurden, brachten das tägliche Brot. Die steigende Nachfrage nach Flur- und Wegekreuzen konzentrierte sich auf die Eifel. Hier ließ die Barockfrömmigkeit den Kranz aus Kreuzen um die Orte und auf den Dorfstraßen dicht werden.

Übersicht

Halten wir noch einmal zusammenfassend fest, in welchen Formen Flur- und Wegemäler bereits vor Beginn der Spezialwerkstätten aufgestellt worden waren und welche von ihnen die Zeit nach 1630 überdauerten. Als älteste Gestalt gilt die der grob und oft etwas asymmetrisch gehauenen Kreuze, die nur aus den einander schneidenden Vertikalen und Horizontalen bestehen und bis zu 1,10 Meter hoch sind. Ihre Balkenenden und Zwickel sind abgerundet. Sie tragen weder Datum noch Inschrift, allenfalls sind eine Hausmarke oder ein Kreuz eingeritzt, so wie beim Frankenkreuz. Dieselben Charakteristika gelten für Kreuze mit konisch verlaufenden, sich nach innen verjüngenden Balken. Vermutlich entstanden sie im Mittelalter bis Spätmittelalter.
Ihre Nachfolger sind dann die einfachen, größeren, mannshohen und seit dem 17. Jahrhundert oft drei Meter erreichenden Balkenkreuze in der lateinischen Gestalt (das bedeutet, ihr senkrechter Balken ist nach unten verlängert; von griechischer Gestalt sind Kreuze mit gleichlangen Balken). Senkrecht steigt der Balken ohne Absatz direkt aus der Erde auf und schneidet sich so weit oben mit dem horizontalen, daß

Kreuz ältester Form bei Wanderath

Altes Kreuz mit eingeritztem Kreuz

Altes Kreuz mit Sechsstern

sich kurze, fast kubische Balkenenden ergeben. Dieser schlichte Typ ohne jedes Bild, wohl aber mit Inschrift, hielt sich durch die Jahrhunderte unverändert bis in unsere Tage, niedrig auch als Grabkreuz. Das erste hohe datierte Kreuz, von 1554, steht in Miesenheim und zeigt in Abweichung zu diesem Typ leichte Verbreiterung des senkrechten Balkens nach unten zu. Zweiteilung und Verklammerung kommen am einfachen Typ nicht vor, es sei denn als Reparatur.
Noch dem Mittelalter bis Spätmittelalter zugerechnet werden die grobbehauenen, inschriftlosen Schöpflöffel, die manchmal eine Hausmarke tragen können. Ihre Nische ist rund, spitzbogig oder giebelförmig. Erste Datierungen kommen an den Beligenmälern vor: 1461, 1462, 1472 und 1473. Dann folgen 1504 zwei Schöpflöffel. Erst vom Ende des 16. Jahrhunderts an werden Datierungen allgemein üblich. Der größte Teil der Urform der Schöpflöffel trägt jedoch keine Jahreszahl, ganz im Gegensatz zu dem aus ihm hervorgegangenen, weiter-

Einfaches, schmuckloses, hohes Kreuz

Erstes datiertes hohes Kreuz von 1554

Schöpflöffel von 1504 mit runder Nische

Undatierter Schöpflöffel mit spitzbogiger Nische mit einem Kreuz am Schaft

entwickelten Typ mit einem bekrönenden Kreuz. So ist zum Beispiel die Angabe »1597« auf dem Kreuzabschluß eines Nischenmals außerhalb von Hain an der Straße nach Engeln keine Ausnahme.

Der einfache und der kreuzbekrönte Schöpflöffel wurden länger nebeneinander gearbeitet. Schließlich endete in der ersten Hälfte des 17. Jahrhunderts die Periode des Urtyps, während die Schöpflöffel mit Kreuzbekrönung noch weitere 50 Jahre überdauerten. Gegenseitige formale Beeinflussung von Kreuz und Nischenmal zeigte sich nach dem kreuzbekrönten Schöpflöffel auch an Kreuzen mit einer Nische im Balkenschnittpunkt, die spitzgiebelig oder rund ist. Ein frühes Beispiel gibt dafür das Hagelkreuz von Kottenheim aus dem Jahr 1582. Noch bis ins tiefe 18. Jahrhundert hinein wurden Nischenkreuze aufgestellt (besonders häufig im Raum um Engeln), in Ausnahmen sogar noch im 19. Jahrhundert.

Auch das Kruzifix kam bereits vor den Werkstattgründungen vor, doch nur vereinzelt und ohne die spätere Entwicklung ah-

Schöpflöffel mit giebelförmiger Nische

»O IESUS VON NASR«, kreuzbekrönter Schöpflöffel von 1597

Kreuz von 1666 mit spitzgiebeliger Nische

Kreuz von 1744 mit runder Nische

Kreuz von 1690 mit giebelförmiger Nische, Fraukirch

Votivkreuz von 1974

nen zu lassen. Seine Form hat bis in unsere Zeit überlebt. Das älteste Kruzifix ist von 1551 und stand bis vor kurzem in der Kaifenheimer Flur. Zu seinem Schutz wurde es in den Ort, an die Wendelinus-Kapelle geholt. Zu den seltenen zeitgenössischen Beispielen zählt eins von 1974 auf dem Emmiger Hof bei Ochtendung.

Ohne die Meister der Spezialwerkstätten wären die vielen eindrucksvollen Bildstöcke nicht vorstellbar. Sie sind die späte und letzte Entwicklungsstufe des Schöpflöffels mit und ohne Kreuzbekrönung im 17. Jahrhundert. Das Bild erscheint als Relief in der verflachten Nische. Wie bei den Kreuzen fällt ihr künstlerischer Höhepunkt in das 17. und 18. Jahrhundert. Auch das 19. Jahrhundert bediente sich noch des Bildstocks, im 20. ist er fast vergessen. Neben ihm gab es auch Bildkreuze; das Bild war dann als Relief in die Nische eingearbeitet, oder es befand sich am Längsbalken oder im Schnittpunkt der Balken.

Das früheste datierte Kruzifix aus Basaltlava mit selten dargestelltem Heiligenschein, dem altchristlichen Zeichen göttlicher Ausstrahlung

Bildstock von 1649 in Rübenach

Bildkreuz von 1637 in Kell

Kult und Form

Mitbestimmend für Form und Gestaltung war von Anfang an der religiöse Kult, dem die Mäler dienten. Er galt vorrangig der Eucharistie, der Verehrung des Allerheiligsten. So entstanden höchstwahrscheinlich die Schöpflöffel als Ersatz für das Sakramentshäuschen, um das Sanctissimum während des Halts bei einer Prozession im Freien aufzunehmen. Wandelte sich der Kult, wurden einbezogene Mäler seinem Wechsel angepaßt. Beispielsweise bewirkte das Aufkommen der Monstranz, daß für sie vor einem Prozessionsmal – Schöpflöffel oder Kreuz – Steintische aufgestellt wurden. Denn das hohe Schaugefäß paßte wegen seiner Ausmaße nicht in die Nischen. Nischen wurden zwar noch eingemeißelt, aber flacher, sie nahmen Symbolcharakter an. Schließlich wurden sie zum Hintergrund eines Reliefbildes.

Die Funktion des Steintisches übernahmen im Barockzeitalter ins Kreuz eingearbeitete Formen. Die aufwendigste Art so eines Prozessionskreuzes, das immer ein Kruzifix ist, zeigt an seinem Schaft unter der Christusgestalt eine muschelbekrönte Rundnische mit verzierter Konsole. Sie ist Barockaltären mit Tabernakelnischen zur Aufbewahrung der Eucharistie nachempfunden. Während in der Gotik das Allerheiligste im Sakramentshäuschen zur Seite gerückt im Kirchenraum verwahrt wurde, holte man es im Barock bewußt auf die Mitte des neuzugestaltenden Hochaltares, um seine bestätigte, zentrale Stellung zu demonstrieren. Bei weniger aufwendigen Prozessionskreuzen ist der Abstellplatz für die Monstranz eine runde oder quadratische Konsole, etwas verziert ausgestaltet oder ganz schlicht. Bei anderen sind die Vorsprünge zu kräftigen Sockelplatten ausgebildet. Aus ihrer Weiterentwicklung zu kleinen Altären gingen die Altarkreuze hervor, in der Flur auch Feldaltäre genannt. Imposant können sie wirken, wenn sie mit den geometrisch geformten Diamantquadern, einem Renaissanceornament, verziert sind.

Bildkreuz von 1648 mit Dornenkrone und den drei Kreuznägeln, bei Kruft

Schöpflöffel von 1504 mit Steintisch

Kreuz mit muschelbekrönter Rundnische, Hannebach

Kreuz mit Konsole, Kottenheim

Kreuz mit Sockelplatte, Mertloch

Werkstätten und Kreuzemächer

Die Spezialwerkstätten der Kreuzemächer stellt man sich als Familienbetriebe vor, die oft auch Besitzer der Basaltlavagrube waren. Hier im Bruch wurde der Stein für ein Kreuz ausgewählt und schon roh zugeschlagen. Die Feinbearbeitung des Rohlings erfolgte dann in der Werkstatt in Mayen oder Mendig. Die Werkzeuge waren uralt: Fürs grobe Zuschlagen hatte man den frühmittelalterlichen Wetzkopf, und zum Ebnen und anschließenden Glätten der Flächen benutzte man die Doppelspitz (aus vorgeschichtlicher Zeit) und den Doppelkeilhammer der Römer, die Flächt. Der Ausarbeitung von plastischen bildlichen Darstellungen wie dem Corpus des Gekreuzigten dienten Meißel. Sie wurden mit dem Eisenfäustel geschlagen. Beim Kruzifix waren Körper des Gekreuzigten und Kreuz immer aus einem Stück gearbeitet, wobei die Figur sich nahezu vollplastisch abhob. Das war durch das überaus harte Material möglich. Der nur leicht verbreiterte, betont schlanke Schaft wurde bei hohen Kreuzen meist aus einem zweiten Stück angesetzt und durch zwei Eisenklammern rechts und links mit dem Oberteil fest verbunden. Das geschah am gewünschten Aufstellungsort. Erst, wenn das Kreuz an seinem Bestimmungsort sachgerecht verankert – auf einem Sockel oder Mühlstein – fest und sicher stand, hatte der Kreuzemächer den Auftrag des Stifters erfüllt.

Genauere Angaben über Werkstätten und Kreuzemächer sind schriftlich oder mündlich nicht festgehalten worden, nicht einmal Namen. Auch Signieren war nicht üblich. Doch man hat die aussagekräftigen Arbeiten. Die Kreuzemächer waren nicht Bildhauer der hohen sakralen Kunst, sondern von Tradition geprägte Steinhauermeister, die ihre Handwerkskunst nach den Regeln der Zunft gelernt hatten und denen je nach Begabung und Geschicklichkeit mehr oder weniger ausdrucksvolle und harmonische Gestaltung gelang. Ihre Arbeit am religiösen Wegemal orientierte sich, wie überall üblich, an alten Vorbildern aus naher oder weiterer Umgebung. Dabei konnte es sich um die Wiedergabe eines vielverehrten Kult- oder Gnadenbildes handeln, das, von Generation zu Generation tradiert, durch die Darstellung durchschien. Aber auch künstlerisch besonders hochstehende Arbeiten von starker Ausstrahlungskraft konnten das Vorbild liefern und dann, auch überregional, Kopierung durch Jahrhunderte auslösen, wie zum Beispiel das berühmte Hängekreuz im Kölner Dom, das Gero-Kreuz (um 976 entstanden).

Bei der bewußten Weitergabe eines Vorbildes, dem Lebendighalten des Altehrwürdigen durch Jahrhunderte, kam es auf den Typ und nicht auf den Stil an. Darum würde man solchen Nach-Bildern nicht gerecht, würde man sie streng nach kunsthistorischen Maßstäben bewerten. Es ist zum Beispiel nicht Stilverschleppung, wenn die Christusgestalt eines Basaltlavakreuzes vom 17. und 18. Jahrhundert die Züge eines gotischen Vorbildes trägt. Das Basaltlavakruzifix des Barockzeitalters beansprucht eine andere

Altarkreuz von 1697 in Niedermendig

Kategorie als das eines voll in der Stilentwicklung der Zeit stehenden Künstlers wie zum Beispiel Gabriel Grupello (1644–1730), der am Niederrhein wirkte.

Das spätgotische Vorbild

Der bei den Kruzifixen der Eifel vom 17. und 18. Jahrhundert und später durchscheinende Typ ist, von wenigen Ausnahmen abgesehen, spätgotisch: der Gekreuzigte wurde in der zweiten Hälfte des 15. Jahrhunderts ganz frontal dargestellt. Das Haupt des Toten ist auf die rechte Schulter gesunken, die Augen sind geschlossen oder gebrochen, die Arme, um das schmerzhafte Auseinanderzerren zu verdeutlichen, straff gedehnt zur Annagelung leicht nach oben geführt. Die Beinhaltung ist vom Übereinandernageln der Füße (sogenannter Dreinageltyp) bestimmt. Das Lendentuch erscheint reduziert. Dieser spätgotische Typ des leidenden Gekreuzigten fand in dem Baden-Badener Friedhofskreuz aus Sandstein von Nicolaus Gerhaert im Jahr 1467 vollkommene Gestaltung und in ganz Deutschland reichste Nachfolge. Heute steht es in der Baden-Badener Stiftskirche.
Eine sehr schöne und reine Wiedergabe dieses spätgotischen Typs ist das Kirchhofskreuz in Trier-Pfalzel vom Friedhof des Kanoniker-Stiftes. Nachdem es von einem Lastauto angefahren worden war, steht es heute geschützt in der St.-Nikolaus-Kapelle, und auf dem Kirchplatz der Stiftskirche St. Marien wurde eine Kopie aufgestellt. 3,10 Meter hoch steigt das Kreuz aus einem angedeuteten Kalvarienberg (= Schädelstättenberg) auf. Da der berühmte Nicolaus Gerhaert, vermutlich Niederländer, 1462 das Grabmal des Trierer Erzbischofs Jacob von Sierck gearbeitet hat und das Kirchhofskreuz von Trier-Pfalzel dem in Baden-Baden ähnelt, vermuten Kunsthistoriker wie Walter Zimmermann, es stünde in einem »Schulzusammenhang« mit Gerhaert. Andere datieren es in das 16. Jahrhundert.
Welches verehrte, bedeutende, berühmte oder schöne Kruzifix genau Vorbild für die Kreuzemächer von Mayen und Mendig war, ist nicht mehr auszumachen. So ähnlich wie das in Pfalzel wird es oder werden sie ausgesehen haben. Diese edle Arbeit zeigt auch noch, wie so ungewöhnlich viele Eifeler Kruzifixe, geflügelte Engel, die das Blut der Wundmale an den Händen und von der Seite in Kelchen auffangen. Der Kelch ist in der christlichen Kunst ein Symbol der Eucharistie. Erst in mystischer spätmittelalterlicher Frömmigkeit, die um die Verehrung der Eucharistie, des heiligen Blutes, kreiste, erschienen Engel auf Kruzifixbildern in dieser kultischen Funktion mit Kelch. Sie waren hier an die Stelle Adams und der personifizierten Ekklesia getreten.

Kreuz und Kruzifix im Rückblick auf die Anfänge

Voraussetzung für Kruzifix-Darstellungen war die Gestaltung des Kreuzes in der christlichen Kunst. Sie kam erst im 4. Jahrhundert auf, nach Abschaffung der im Römischen Reich als schimpflichste Schmach empfundenen Hinrichtungsstrafe der Kreuzigung, vermehrt dann auch durch die Kreuzauffindung (320) unter Kaiser Konstantin dem Großen. Davor war das Kreuz nur verhüllt in Symbolen, wie den griechischen Buchstaben Τ und Χ, in Gestalt des Ankers oder Schiffsmastes oder im konstantinischen Christusmonogramm (gebildet aus den Anfangsbuchstaben Χ und Ρ von ΧΡΙΣΤΟΣ) verbildlicht worden. In der vor- und außerchristlichen Welt waren Kreuzesformen bereits als Ornamente und Symbole bekannt.
Die erste Entstehung des Bildes des Gekreuzigten ohne eine Vorlage fiel in altchristlich-frühbyzantinische Zeit (um 425) und zeigt Christus mit horizontal ausgebreiteten Armen als Sieger über den Tod am Kreuz, lebend, mit offenen Augen. Diese Siegerpose hat Jesus auch auf der Stele von Moselkern aus der Zeit um 700, die wohl ein Friedhofskreuz war und als älteste Darstellung des gekreuzigten Christus nördlich der Alpen gilt. Die bis zum Ellenbogen hori-

Kruzifix von Gabriel Grupello, Düsseldorf-Benrath, Kath. Pfarrkirche St. Cäcilia, vor 1717, Elfenbein, Höhe: 22 cm

Kopie des Kirchhofskreuzes, Trier-Pfalzel

zontale Armhaltung läuft hier dann umgreifend aus, als würde der am Kreuz Stehende die Welt umfassen. Die Stele ist übrigens aus Mayener Basaltlava gearbeitet.
Vom 9. Jahrhundert an wurde Christus im Abendland am Kreuz dann vorherrschend als Toter, mit geschlossenen Augen und leicht abknickenden Beinen dargestellt. Das Kölner Gero-Kreuz präsentiert um 976 noch diesen Typ. Der lebende Christus am Kreuz blieb daneben noch weiter bestehen. Das 12. und frühe 13. Jahrhundert brachte die großen Triumphkreuze mit Christus als siegreichem König, der eine Herrscherkrone trägt. Dann folgte eine veränderte Sichtweise. Von nun an war Jesus der leidende Gekreuzigte. Die Ausgestaltung von der Vorstellung seiner Leiden erfolgte in der mystischen Frömmigkeit des Mittelalters, die seit Bernhard von Clairvaux (1090–1153) die Vertiefung in die Passion zum Hauptmotiv hatte: »So innig mitleiden, daß wir selbst erlöst werden . . . Sterben wir mit, so werden wir mit leben.« Die Mystikerin Birgitta von Schweden (1302–1373) beschrieb in ihren Offenbarungen den Leib des toten Gekreuzigten als »ausgezehrt und eingesunken«, und so wurde er dann auch modelliert. Das Kruzifix war nun zum Ausgangspunkt für Meditationen geworden.
Seit dem frühen 13. Jahrhundert trug Christus am Kreuz fast immer eine Dornenkrone, seine Augen sind geschlossen oder gebrochen. Fußstützen, die eine parallele Beinhaltung und die Annagelung an jedem Fuß ermöglicht hatten (sogenannter Viernageltyp), fielen weg. Die Übernagelung der Füße (Dreinageltyp) wurde nun üblich. Um 1300 erreichte der Ausdruck des Leidens in realistisch gearbeiteten Kruzifixen, den »cruzifixi dolorosi«, seinen Höhepunkt: ausgemergelt und eingesunken, mit auf die Brust gefallenem Haupt hängt Christus an straff und schräg nach oben ausgespannten Armen. Bluttrauben sitzen an den fünf Wunden, und der Körper ist gezeichnet von Geißelhieben. Um 1400 wurde die Haltung erneut mehr frontal und aufgerichtet. Dann folgte der spätgotische Typ. Im 16. Jahrhundert trat gelegentlich der Viernageltyp wieder auf. Der Ausdruck des Leidens erschien häufig gemildert, dann war Jesus der friedlich am Kreuz Gestorbene. Das barocke Kruzifix erfuhr in Deutschland seine Bildprägung maßgeblich von Peter Paul Rubens (1577 – 1640). Dessen lebender Christus, der von Michelangelo den zum Vater im Himmel nach oben gerichteten Blick übernommen hatte, hängt an den angenagelten Händen, so daß die Arme eine nahezu parallele Haltung erhalten. Das wurde durch Zusammenrücken der Nägel möglich. Aus Gußeisen und nachträglich ans Basaltlavakreuz angebracht, trifft man in der Eifel manchmal den barocken Kruzifixtyp an. Doch in Stein geschlagen kommt er nicht vor. Im 19. Jahrhundert lebten in Deutschland Kruzifixtypen von Renaissance, Barock und schließlich der Gotik weiter, und im 20. Jahrhundert kehren alle Formen wahlweise und vermischt wieder.

»Grabstele von Moselkern«, Kreis Cochem-Zell, Ende 7. Jahrhundert, 80 cm hoch, Basaltlava. Aus der Sammlung des Rheinischen Landesmuseums, Bonn

Marien-Bilder

Während direkte Vorbilder zu den Basaltlava-Kruzifixen nicht identifiziert sind, findet man zwei Marien-Gnadenbilder im Eifeler Raum an Kreuzen wieder. Das eine Gnadenbild ist eine Holzskulptur, die früher in einer Kapelle in Koblenz-Lützel stand und selbst Nachbild ist, und zwar des Lukas-Cranach-Gemäldes »Maria Hilf« vom Anfang des 16. Jahrhunderts: Maria hält das nackte Jesuskind auf dem Arm. Kopien des Bildes lösten einen von Passau ausgehenden, sich weit verbreitenden Kult aus. Grob übertragen erkennt man dieses Marienbild an einigen Wegekreuzen wieder. Ein Exemplar in Polch trägt dazu die Inschrift »MARIA HUELF«. Wort und Bild sind beide als Stoßseufzer zu verstehen.

Häufiger, da zur Passion gehörig und meist auf Grabkreuzen, wurde das zweite Gnadenbild, die Weinfelder Madonna, kopiert, eine polychrom bemalte Holzskulptur: Maria hält den toten Jesus auf ihrem Schoß. Solche bildliche Anrufung der Schmerzensmutter am Kreuz – auch ein Stoßseufzer – wird manchmal noch durch die Einschreibung »MATER DOLOROSA« wiederholt und damit bekräftigt. Die Brust der Weinfelder Madonna ist von sieben Schwertern durchbohrt, ein Symbol für ihren unendlichen Schmerz über den toten Sohn. Die seelische Qual des Schmerzes wurde vom Künstler in greifbare körperliche Marter umgesetzt. Sie begriff der einfache Mensch, und sie ergriff ihn mehr als Vorstellungen geistiger Vorgänge, die ihm Schwierigkeiten bereiteten.

Am Kreuz drängt sich die drastisch vereinfacht übertragene Komposition. Heute steht das Kult-Vorbild, das vom Anfang des 18. Jahrhunderts stammen und bereits ein älteres ersetzt haben soll, aus Sicherheitsgründen nicht mehr in der einsamen Kapelle am Totenmaar. Verschlossen in einer benachbarten Kirche, wird die Weinfelder Madonna nur noch ausnahmsweise während

Frisch überstrichenes Maria-Hilf-Kreuz von 1689 in Polch

Die Weinfelder Madonna

»MATER DOLOROSA«, Dümpelfeld

Nach dem Vorbild der Weinfelder Madonna gearbeitet, Adenau

einer Messe ausgestellt, manchmal auf Wunsch zu einer goldenen Hochzeit. Das ist die Folge von Diebstahl vor Jahren. »Ich bin kein gewöhnlicher Dieb«, hatte der Täter gestanden. Nach glücklicher Wiederauffindung der Marien-Skulptur in einer Großstadt durch die Kriminalpolizei und ihrer Aufstellung am alten Platz verschwanden dann noch nach und nach sämtliche Schwerter aus ihrer Brust. Ihren Stammsitz in der kleinen, beliebten Kapelle am Maar nimmt jetzt eine recht grobe Nachbildung der Madonna aus Sandstein ein. Selbst sie ist in der Wand verankert, da eine schöne Kopie des Originals gleichfalls entwendet worden war.

Merkmale einer Werkstatt

Es verblüfft den Betrachter, wenn er Flur- und Wegekreuze zum Verwechseln ähnlich antrifft, ein Corpus am Kruzifix anderen gleicht. Hier zeigt sich gemeinsame Herkunft aus einer Werkstatt oder sogar die Hand desselben Meisters. Solche Verwandtschaften lassen sich an der Auffassung des Körpers, an seinen Proportionen und Einzelheiten ablesen. Sie waren beim Übertragen vom ursprünglichen Vorbild vergröbert, vereinfacht und stilisiert worden. Dieses Verfahren der Vereinfachung – ein Kennzeichen der Volkskunst – wurde, auf die grobe poröse Basaltlava angewendet, noch verstärkt. Denn Ausarbeitung von Feinheiten, Nuancen läßt die Lava, anders als Sandstein, nicht gut zu. Sie verlangt nach Vereinfachung, und so sind die groben Formen fast wie vorgegeben. Stark muß außerdem der Glauben der Meister gewesen sein, die so kraftvolle Christusgestalten meißeln konnten. »Anatomisch sind sie nicht richtig, aber mit Liebe gemacht.« In dieser knappen Beschreibung eines Kehriger Steinmetzen, der heute zerbrochene Kreuze restauriert, mag man eine Erklärung für die ausstrahlende Wirkung der alten Kruzifixe finden. Gerade in dem sichtbaren, rührenden Bemühen um

Gestaltung, so scheint es, kommt diese Liebe der Kreuzemächer zum Ausdruck.
Wiederkehrende typische Kennzeichen am Kruzifix können sein: die manchmal übergroßen, die Wunden betonenden Hände mit verkrallten, ausgestreckten oder zum Schwur geformten Fingern, die Dornenkrone, Teilung der Haarsträhnen und der Vollbart, ferner Merkmale der Auszehrung des Leibes, Rippen und Rippenbogen. Das Lendentuch gilt allgemein wegen seiner Schlingung, den Falten und dem Knoten rechts, links oder beidseitig als wesentlicher Anhalt für eine Werkstattbestimmung. Der Grad an Übereinstimmung von Werkstücken gemeinsamer Herkunft kann hoch bis gering sein und sich manchmal nur auf Einzelheiten beziehen. Denn trotz tiefverwurzelter Traditionspflege vollzogen sich sachte Entwicklungen, zum Beispiel durch zunehmende Fertigkeit eines Meisters oder Gesellen.
Andere Darstellungen am Kruzifix wie Kelchengel, geflügelte Engelköpfe, Wappenschilder für Hausmarken oder reine Ornamente ergänzen, bestätigen oder beweisen oft die Zuordnung zu einer Werkstatt. Außerdem kann sie an hohen Prozessionskreuzen desselben Typs mit Tabernakelnische ersichtlich sein. Im Raum an der oberen Ahr und um Adenau kann man auch Grabkreuzen mit außergewöhnlich reichen bildlichen Darstellungen und der Beschriftung immer auf der Rückseite die gemeinsame Herkunft anmerken.
An Erkennungszeichen mangelt es den beiden großen Spezialwerkstätten der Anfangszeit, die 1628 und 1629 ihre Arbeit aufnahmen und von denen jeweils mehr als 50 Stücke katalogisiert sind, nicht. Sie existierten vierzig Jahre lang nebeneinander, wohl ohne sich gegenseitig große Konkurrenz zu machen. Denn, wie die Streuung ihrer imposanten Produkte zeigt, saß die eine in Mayen und beschickte Kunden des Umkreises, während die andere in Mendig lag und von dort Kreuze vornehmlich in der Pellenz, mit der Fraukirch im Zentrum, und im Laacher See-Gebiet aufstellte. Vier Kreuze pro Jahr aus einer Werkstatt ist die nachweislich höchste Herstellungsquote,

Grabkreuz in Dümpelfeld

meistens waren es aber weniger. Daraus ergibt sich, daß die Existenzgrundlage so eines Betriebes anderes gewesen sein muß, wie etwa Steinarbeiten an Häusern und Grabkreuze.
An Kruzifixen der Mayener Werkstatt erkennt man im rundlichen Gesicht von Jesus die dicke Nase und den dichten Vollbart sofort wieder. Überhaupt ist der ganze Körper von schwerem, kräftig-derbem Schlag. Brustpakete und zu Wülsten ausgebildete Rippen, Rippenbogen und Bauchmuskeln veränderten sich im Laufe der Jahrzehnte etwas. Sie verloren an Kompaktheit und wurden, wie auch die Falten des rechts geknoteten Lendentuches, platter, eckiger und steifer, entfernten sich noch weiter von einer naturalistischen Auffassung. Ein kleiner Engel mit großem Kelch zu Füßen der Jesusgestalt kennzeichnet manches Kreuz der Werkstatt. Sie zeigt sich unverwechselbar vor allem an wappenähnlichen erhabenen oder eingeritzten Schilden am Schaft, die als Träger von Hausmarken und Initialen die-

Kruzifix von 1665 aus der Mayener Werkstatt

Kruzifix von 1639 aus der Mayener Werkstatt in Wanderath

Ausschnitt aus dem Kruzifix von 1639

nen. Ihr Oberrand verläuft immer als flacher Bogen, an den die Flanken, etwas nach innen abgesetzt, anschließen, um dann breit zum Fußrand mit Spitze auszulaufen. So ergibt sich die charakteristische Einschnürung des Schildes mit den überstehenden Bogenspitzen.

Die Hausmarken, die seit vorgeschichtlicher Zeit als Kennzeichen bäuerlichen Besitzes benutzt wurden, waren am Wegemal wie am Grabkreuz Identitätssymbol des Stifters oder Toten. Ihre Form reicht vom variierten, runenähnlichen Zeichen über Buchstaben mit religiösem oder magischem Symbolwert (das H als Kürzel des Jesusmonogrammes IHS; das A als Kurzform des hexenbannenden Drudenfußes) bis zu Darstellungen, die Berufe versinnbildlichen oder auch den Familiennamen wie Schuh für Schuhmacher, Brezel, Wecke, Drudenfuß für Bäcker, Hammer, Zange und Hufeisen für Schmied oder Schere für Schneider. Noch vor den Initialen und Namen erschienen

Teil des Schaftes des Kruzifixes von 1654 bei Kaifenheim

Kreuze mit Hausmarken aus der Sammlung des Stadtmuseums Andernach, links ein Schuh

Hammer, Zange, Hufeisen: Symbole für den Schmied (Stadtmuseum Andernach)

Kreuz mit Hausmarke, dem Sinnbild des Schneiders. Kirchhof in Welling

bereits Hausmarken am Flur- und Wegemal, und auch später verzichteten die Stifter nicht auf sie. Im Vergleich zu Kreuzen anderer Landschaften tragen die Eifeler ungewöhnlich häufig Hausmarken.
Die Mendiger Werkstatt spezialisierte sich auf Kruzifixe mit Kelchengeln, nur wenige sind ohne diese kleinen geflügelten Träger des Symbols der Eucharistie. Meist sind sie zu dritt. Den beiden unter den Armwunden blieb zur Entfaltung am kurzen Querbalken kaum Platz. Klein und steif sitzen sie dort wie anmutige fromme Formeln und tragen den ihnen anvertrauten Kelch. Nur manchmal, wenn sie stark zurückgelehnt sind, halten sie ihn so unter die Wunden, daß Blut hineintropfen könnte. Der Körper des Gekreuzigten ist in den ersten Jahren der aufgenommenen Tätigkeit vergleichsweise naiv und wie der Leib eines dicklichen Kindes dargestellt. In ihn wurden die typischen Merkmale »eingetragen«: Rillen und Wülste zur Zeichnung der Vollbartsträhnen und der Rippen, Kreis und Punkt als Bauchnabel, und in höher herausgehobenem Relief markieren und betonen senkrechte und horizontale Einschnitte das schmale Lendentuch. Im Laufe der Jahre veränderte sich dieser Christus zu einer gestalteten Figurenkompostion. Dem langgestreckten und etwas abgeflacht eckigen, asthenischen Leib entspricht dann ein schmaler Kopf mit hoher Dornenkrone. Die Gliederung des Körpers ist durch flach eingeritzte Brustwarzen, Rippen und Bauchnabel nur noch angedeutet. Seine betont senkrechte Linie erhält Gegengewicht vom quer durchgezogenen Lendentuch mit kräftiger Faltung und Knotung rechts daneben. Die steifen kleinen Engel fügen sich in das Konzept konsequenter Stilisierung. Diese späteren Arbeiten wirken wie aus einem Guß. Darin zeigt sich der Meister, auch wenn die Proportionen anatomisch noch nicht stimmen. Unbefangen könnte man diese Kruzifixe heute als expressionistisch einstufen, so ausdrucksstark wirken sie.
Lebendigere Gestaltung eines Christuskörpers, der mehr wie aus Fleisch und Blut aussieht, gelang einer Werkstatt, die von 1664 bis 1686 arbeitete. Sie stützte sich

Kelchengelkreuz von 1638 in Niedermendig

Kelchengelkreuz von 1639 im Hof der Firma Michels in Niedermendig

Kelchengelkreuz von 1661 in Niederzissen aus der Mendiger Werkstatt

beim Gestalten schon mehr auf die plastische Anatomie, Körpermerkmale wurden nicht eingetragen, sondern aus der Skulptur herausgearbeitet, und die Proportionen glückten besser. Ihre Kruzifixe können als künstlerischer Höhepunkt der barockzeitlichen Kreuzproduktion angesehen werden. Dem groben Material gewann der Meister ein Lächeln auf den Gesichtern der Kelchengel ab. Freundlich blicken sie auf den Betrachter. Am Waldescher Kruzifix von 1664 scheinen sie zu schweben. Schwung liegt in ihrer lockeren Haltung, zu der die kurzen Hemdchen und die bis übers Knie nackten Beine passen. Bewegung drückt sich auch in den langen, über die Schulter fallenden Locken des stark geneigten Christushauptes aus. In seinen edlen, leidenden Gesichtszügen verdichtet sich die Aussage der gesamten Gestalt. Der aufgebauschte Knoten des Lendentuches lenkt den Blick von ihm nicht ab. Das feingearbeitete, edle Haupt hat Christus auch an einem Kruzifix in Kaifenheim, das derselbe Meister 1672 fertigstellte. Es wurde noch bereichert durch Assistenzfiguren, Maria und Johannes, die seit ungefähr 1600 dem Gekreuzigten an Eifeler Flurmalen beistehen. In der Arbeit von 1672 haben sie offene Gesichter. Haltung und Kleidung, starr und steif, offenbaren jedoch ein sehr altes Vorbild, während der Absatz, auf dem sie stehen, zeitgemäß mit dem barocken Ornament einer eingerollten Volute verziert ist.

Typisch für eine andere Werkstatt, die etwa gleichzeitig arbeitete – in den sechziger und siebziger Jahren des 17. Jahrhunderts gab es insgesamt fünf Werkstätten –, ist ein sehr großer, schlanker, stark nach vornüber geneigter Kopf des Gekreuzigten. Im Profil erkennt man die lange gerade Nase wieder, das Gesicht umrahmt üppige Haarpracht, auf der eine hohe Dornenkrone ruht. Ausarbeitung und Ausdruck des Kopfes sind am stark vereinfachten Körper nicht wiederzufinden. Ausgewogener in Proportionen und Formen, die sich mehr an plastischer Anatomie orientieren, erscheinen daneben Kruzifixe einer Werkstatt, die von 1690 bis 1733 existierte. Sie schmückte die Kreuzschäfte fast immer mit einem pausbäckigen, geflü-

Kelchengelkreuz von 1648, Fraukirch

Kelchengelkreuz von 1665, Fraukirch

Kaifenheimer Kruzifix von 1672

Profil eines Kruzifixes von 1679 in Kell

Kruzifix von 1700 mit Assistenzfiguren und Engelkopf in Kehrig

gelten Engelkopf. Er ist, wie die geschlungenen Voluten, zeitgemäßer barocker Schmuck, mit dem die Kreuzemächer von Mayen und Mendig allgemein sparsam umgingen.
Es gibt einige Eifeler Wegekreuze, deren Christusdarstellungen auf die bisher beschriebenen nicht zutreffen, die weder einen Typ noch eine Stilisierung erkennen lassen. Sie präsentieren sich als kindlich naive Arbeiten ohne den professionellen Hintergrund eines Kreuzemächers. Vermutlich sind sie Einzelstücke von Steinhauern, die sonst mit anderem beschäftigt waren. Zwei Kruzifixe von 1669 und 1670, die von einer Hand stammen, muten in ihrer urtümlichen Machart nahezu archaisch an, zumal das von 1670. Es zeigt Christus in langen Haaren ohne Dornenkrone und auf einer Fußstütze stehend und knüpft noch an den hochmittelalterlichen Typ an. Das Kreuz wird »Kümmerniskreuz« genannt, mit ihm verband sich ein besonderer Brauch. Gegen Ende des 18. Jahrhunderts setzte sich eine verstärkt

Kruzifix von 1716 vor Monreal mit Engelkopf

Ausschnitt des Schaftes vom Kruzifix von 1716

Kruzifix von 1603 vor Pillig

Das »Kümmerniskreuz«

anatomisch orientierte Christusplastik am Basaltlavakreuz durch. Im 19. Jahrhundert wurde der Körper – immer noch der spätgotische Typ – dabei etwas zierlicher und dadurch oft schwächer und etwas verweichlicht im Ausdruck. Auch dem Kruzifix des 20. Jahrhunderts, das verschiedene Typen und deren Mischformen benutzt, fehlt die Vitalität, die die alten, unerreichten Meister im 17. und 18. Jahrhundert ihren Jesusgestalten so überzeugend geben konnten.
Heute wird ein Kruzifix nur noch selten aufgestellt. Die gelegentlichen Kreuzemächer der letzten 60 Jahre sind alle Absolventen der namhaften Steinmetzfachschule in Mayen (1922–1966), einer »Meisterschule für Steinmetzen und Steinbildhauer«. Ihre Lehrer, die Bildhauer Professor Carl Burger (1875–1950) und nach ihm Anton Woger (1904–1985), waren nachhaltig vom Expressionismus beeinflußt, und sie arbeiteten und unterrichteten in Anlehnung an die aktuellen Stilentwicklungen der Plastik. Heute unterhalten fünf ihrer Schüler im Raum Mayen/Mendig größere Steinmetz-

Die Mayener Steinmetzfachschule

werkstätten. Die Aufträge dieser sehr tüchtigen Handwerker reichen vom Grabstein über gotisches Maßwerk bis zu monumentalen Brunnenplastiken. Die plastischen Arbeiten, Kruzifixe eingeschlossen, kennzeichnet eine konventionelle Modernität, die dem Geschmack der Kundschaft angepaßt ist.

Sieben Stationen

Die Passionsfrömmigkeit hatte die Kreuzigung zum Hauptbildthema am Eifeler Flur- und Wegemal gemacht. Ein weiteres war von Anfang an Christus als Kreuzschlepper: »Und er trug sein Kreuz und ging hinaus zur Stätte, die da heißt Schädelstätte, welche heißt auf hebräisch Golgatha« (Johannes 19, Vers 17). Die Kreuzschlepperdarstellung am Wegemal geht ursprünglich auf eine Kreuzwegandacht zurück, die Jerusalem-Pilger an den historischen Erinnerungsstätten geübt und dann im 15. Jahrhundert im Abendland eingeführt hatten. Hier wurden

Basaltlavafigur des Ensembles »Die sieben Schwaben« von Burger, St.-Veit-Park, Mayen

»Affen«, Basaltlavaskulptur von Woger, Mayen

dafür die einzelnen sieben Stationen, die Christus auf seinem Weg vom Gerichtshof des Pilatus bis nach Golgatha zurückgelegt hatte, als Bildwerke nachgestaltet. In Deutschland sind die frühesten von Adam Krafft in Nürnberg (1490–1500) bekannt. In ihrer Siebenzahl klingt im Volksglauben verankerte Zahlensymbolik an, die hier Fülle, Unendlichkeit (des Leidens) besagen soll. Aus der volksgläubigen Vorstellung, Christus sei auf diesem Weg mit seinem Kreuz siebenmal gefallen, erklärt sich die Bezeichnung der »Sieben Fußfälle« für die »Sieben Stationen«.
Bei dem kultischen Abschreiten des Leidensweges zur Vertiefung in die Passion spielten auch die »heiligen Längen« eine wichtige Rolle. Damit meinte man die Anzahl der Schritte, die Christus zwischen den Stationen getan hatte – insgesamt 3333 Fuß, wie der Holländer Christian Adrichomius behauptete. Die »Sieben Stationen« wurden häufig als Kalvarienberge (aus dem Lateinischen: Schädelstättenberge) an einem Berghang mit der abschließenden Kreuzigungsgruppe, dem sogenannten Hochkreuz, angelegt und führten zu Kapellen.
Die Eifel muß von ihnen durchsetzt gewesen sein, da sich mit ihnen ein rheinländischer, intensiv geübter Sterbebrauch verband. Vom 17. und 18. Jahrhundert sind noch einzelne Stationen bewahrt, meist zeigen sie Christus als Kreuzschlepper, oder wie er am Ölberg betet. Das sagenumwobene Thürer Hochkreuz, eine große Anlage, läßt heute noch ahnen, wie imposant manche Stationswege aufgebaut gewesen sein müssen. Aus dem vorigen Jahrhundert gibt es noch vollzählige Stationsensembles, und sogar 1954 entstand ein neues in Kruft, als Ersatz für ein verwittertes aus Tuffstein. Im Auftrag der Stiftung Breitelsgut hatte der Bildhauer und Burgerschüler Clemens Adam die Ausführung übernommen. Diese sieben Stationen führen zu einer Kapelle von 1801.
Die »Sieben Stationen« oder »Sieben Fußfälle« sind meistens Bildstöcke mit Reliefszenen oder Bildkreuze. Ihre Vorbilder könnten Skulpturen des wirkungsreichen niederländischen Bildhauers Ruprecht Hoffmann gewesen sein, der in Trier arbeitete. Von Hoffmann stammen zum Beispiel »Sieben Stationen« am Trierer Mutterhaus der Borromäerinnen vom Anfang des 17. Jahrhunderts, fast vollplastische und sehr sprechend-lebendige Darstellungen. Heute werden sie im Inneren der Klosteranlage verwahrt. Später, im 19. Jahrhundert, hat der Klassizismus die Umrißform der Bildstöcke beeinflußt, wie der Giebelabschluß aus einem flachen Dreieck es andeutet.
So wie der Kult um die »Sieben Stationen« entstammte auch die Verehrung der fünf Wunden ursprünglich der spätmittelalterlichen Leidensmystik. Sie war mit dem Sterbebrauch der »Sieben Fußfälle« verknüpft und hatte darum in der Volksfrömmigkeit der Eifeler große Bedeutung. Das Gebet zu den fünf Wunden bewahrte, so der Volksglaube, vor Hölle und Fegefeuer. Die fünf Wunden sind auch Bildthema an Flur- und Wegekreuzen. Ihre Darstellung ist radikal, naiv, hart: vom Körper abgehackte und durchbohrte Hände und Füße verbildlichen

Christus als Kreuzschlepper, Gillenbeuren

Kreuz mit »Fünf Wunden« in Ettringen

Kreuz mit »Fünf Wunden« in Polch

die vier Nagelwunden, und in der Kreuzmitte sitzt die fünfte Wunde als herausgelöstes Herz Jesu mit einem Lanzeneinschnitt. Seit der Mystik hatte sich die Verehrung der ursprünglich an der rechten Körperhälfte sitzenden Seitenwunde mit der Verehrung des Herzens Jesu verbunden. Die fünfte Wunde wurde nun als verwundetes geöffnetes Herz empfunden und dann auch so im Bild dargestellt.

Die Waffen Christi

Das Herz mit Lanzenwunde kommt oft auch ohne die Arm- und Fußwunden als Relief am Wegekreuz vor. Meist stecken drei Nägel in ihm. Es sollen die Nägel sein, mit denen Christus ans Kreuz geschlagen wurde. Sie gehören zum großen Kreis der auch als Reliquien hochverehrten Arma Christi, der Leidenswerkzeuge Christi, die seit dem 13. Jahrhundert Gegenstände der Passionsmeditationen waren und das gesamte Leiden Christi vergegenwärtigen sollten. Beunruhigt durch die Fülle der Werkzeuge, sollte der Betrachter den Zusammenhang zwischen seinen eigenen Fehlern und Sünden mit dem Leiden Jesu erkennen, im Sinne von: »Nun, was Du Herr erduldest, ist alles meine Last, ich hab' es selbst verschuldet, was Du getragen hast.« Neben dieser Auffassung gelten die Arma Christi, die Waffen Christi, so die wörtliche Übersetzung, auch als Symbole seines Triumphes über Tod und Leid. Bis zu dreißig Arma sind überliefert. Die am häufigsten dargestellten sind, außer dem Kreuz, Dornenkrone, Lanze, Nägel, Schwamm, Brett mit dreißig Silberlingen, Geißel, Geißelsäule, Leiter, Kreuztitel (INRI), drei Würfel, Hammer, Zange, auch der Hahn, der die Verleumdung des Petrus anzeigt. An Flur- und Wegekreuzen kehren ihre Bilder einzeln oder in Gruppen wieder. Manchmal sind Sonne und Mond dazu dargestellt, als Zeugen des weltgeschichtlichen Ereignisses der Passion.

Im Volksglauben bedeuteten die Leidens-

Kreuz mit »Arma Christi« in Mayschoß

Kreuz mit »Arma Christi« in Mayschoß

werkzeuge auch am Kreuz mehr als nur Andachtsbilder. Die Waffen Christi im Kampf gegen die Sünde konnten zum materiellen Mittelpunkt des Erlebens werden, denn man sprach ihnen übernatürliche, magische Kräfte zu. Sie wurden so zu Amuletten. Der mächtigsten dieser Waffen, dem Kreuz, schrieb man besonders starke Schutz- und Abwehrkraft zu, was auch in den vielen, in die Mäler eingearbeiteten Kreuzesformen – Krückenkreuz, Wiederkreuz, Antoniterkreuz, Stabkreuz – zum Ausdruck kommt. Schon die Stele von Moselkern (um 700) ist von Kreuzen übersät. Die vielschichtige Bedeutung der bildlichen Darstellungen an Kreuzen als Gegenstände der Andacht, als Amulette und schließlich auch als Schmuck hat ebenso das beliebte Jesusmonogramm IHS. Zu ihm gehört immer ein Kreuz, das auf dem Querbalken des H steht. Schutz- und Abwehrkraft des Monogramms sollen, so wie auch die des Körpers des Gekreuzigten, unübertroffen sein, nach dem Volksglauben. Nur an wenigen

Blütensprossen auf einem Waldescher Kreuz von 1703

Adams Schädel und gekreuzte Knochen am Schöpflöffel vor Hain

Kreuzen und Schöpflöffeln erscheinen zusätzlich abergläubisch-heidnische Symbole wie der hexenbannende Drudenfuß, ein Fünfstern oder seine Kurzform, das große lateinische A. Auch der Sechsstern, ein gebräuchliches Glückssymbol, soll am religiösen Wegemal vermutlich ein Abwehrzeichen sein. Ungewöhnlich ist an dem Nischenkopf eines Schöpflöffels in Kollig (Ortsmitte) die obszöne Darstellung eines rückwärtsblickenden Mannes, der sein entblößtes Gesäß feilbietet. Seit der Antike galt diese Gebärde als wirksame Abwehr der Dämonen.

Die Symbolik der Dreiblütensprosse, die, aus einer Vase oder einem Herzen aufsteigend, sich nach der Kreuzesform biegen, ist nicht sicher geklärt. Dagegen findet der sehr häufig am Kreuzschaft und am Schöpflöffelschaft halbplastisch dargestellte Schädel über gekreuzten Knochen seine Deutung nach einer frühchristlichen Legende: er gehört Adam, der unter dem Kreuz begraben liegen soll. Als Christus starb, stand Adam aus seinem Grab auf, heißt es. Bis zum 13. Jahrhundert erhob sich Adam auf Bildern dieser Szene aus dem Sarg. Danach erinnerten am Fuß des Kreuzes nur noch Schädel und Knochen an ihn.

Geburtsort einer Legende: Fraukirch

Die anrührende Geschichte Genovefas

»Man sieht ja, wo der Golo hingerichtet wurde, nach allen vier Himmelsrichtungen wächst da bis heute noch kein Gras.« Der Bauer, der das sagte, meinte die Straßenkreuzung neben der Errichtungsstelle des Golokreuzes. Hier überquert der seit mehr als 600 Jahren benutzte Pilgerweg von Niedermendig nach Fraukirch die heutige Bundesstraße 256. Auch noch in diesem Jahrhundert berichtete eine Frau über ihr Erlebnis mit Golo, der, wie erzählt wird, zwischen Weihnachten und Neujahr um Mitternacht in einem feurigen Wagen von der Mayener Genovefaburg in rasender Eile zu seiner Hinrichtungsstätte am Golokreuz und wieder zurück fährt.
Golo geistert im Maifeld herum. Denn die in aller Welt bekannte Legende von der zu Unrecht des Ehebruchs bezichtigten und verstoßenen Pfalzgräfin Genovefa von Brabant ist hier zu Hause. Sie ist Gründungslegende der Fraukirch. Denn die standhafte Genovefa, die in großer Demut ihr Leid ertrug bis zu dem Tag, an dem ihre Unschuld und Ritter Golos Verleumdung entdeckt wurden, wünschte sich zum Dank für ihre Rettung die Errichtung einer Kirche auf ihrem Grab.
Nachdem Pfalzgraf Siegfried, so die Legende, vor seinem Abzug ins Heilige Land seine Frau Genovefa der Obhut Marschall Golos anvertraut hatte, warb dieser offen, aber erfolglos, um ihre Liebe. Gekränkt und rachsüchtig bezichtigte Golo daraufhin nach der Rückkehr ihres Mannes Genovefa des Ehebruchs. Dafür sollte sie mit dem Tod büßen. Doch die Mörder hatten Erbarmen und ließen sie im Wald frei. Dort wurde sie

Blick auf die Fraukirch

nach Jahren mit ihrem Sohn, der von der Milch einer Hirschkuh groß geworden war, vom Pfalzgrafen auf der Jagd gefunden. Er bat sie um Vergebung. Ritter Golo aber, der als abgewiesener Liebhaber das Drama in Gang gesetzt hatte, wurde zur Strafe an besagter Stelle bei lebendigem Leib von vier Ochsen zerrissen.

Die Fraukirch steht auf Fundamenten einer Saalkirche aus dem 8. Jahrhundert. In eben dieser Zeit spielt die Legende: »Genovefa. Eine der schönsten und rührendsten Geschichten des Alterthums«, wie Christoph von Schmid 1810 sein Buch nannte. Es wurde ein Verkaufsschlager. Nicht nur Poeten der Romantik, auch Maler und Musiker ließen sich von Genovefa inspirieren. Der Erfolgsautor konnte sich damals auf Niederschriften vom 15. Jahrhundert aus dem Umkreis des Klosters Maria Laach stützen. Die griffen ihrerseits auf lateinische Vorlagen zurück, in die bereits Teile eines ähnlichen französischen Romans eingeflossen waren. Und des Paters Martin von Cochem volkstümliche Version lag seit 1750 in Köln gedruckt vor. Im Volkglauben der Eifeler verwischte sich die Grenze zwischen Legende und Wirklichkeit. Das dramatische Schicksal der Genovefa, ihr Leid und die Errettung, wurden hier Geschichte und erhoben sie sogar zur Volksheiligen. So beten bis heute Pilger auf dem Weg zur Fraukirch:

»Heilige Genovefa, zu Dir kommen wir,
Deine Fürbitte erflehen wir.«

Diese Voksheilige, von der Kirche weder selig- noch heiliggesprochen, gilt es zu unterscheiden von der kanonisierten Heiligen Genovefa von Paris, auf deren Fürbitte hin die Seinestadt im Jahre 451 vom Hunneneinfall verschont geblieben sein soll. Sie wird ebenfalls in der hiesigen Gegend verehrt. Schon in karolingischer Zeit soll ihr vermutlich eine Kapelle in Andernach geweiht worden sein, außerdem wurde sie Patronin der Pfarrkirche von Obermendig. Ihr Name erscheint auch auf dem Beligenmal

Hinrichtung des Golo, Ausschnitt aus dem Altarrelief von der Fraukirch von 1664

»Genovefa mit Sohn Schmerzensreich und Hirschkuh« und »Siegfried findet Genovefa und Sohn Schmerzensreich im Wald wieder«, französische Lithografien des 19. Jahrhunderts (Eifeler Landschaftsmuseum)

von 1462, dem Genovefa-Kreuz, und auf einem Bildstock von 1628 in Niedermendig nahe dem Judenfriedhof.
Wie der Name Fraukirch sagt, der in einer Urkunde 1279 noch »Vrouwenkirchgin« lautete, stand diese Kirche von jeher unter der Schutzherrschaft der Gottesmutter Maria. Das war jedem sehr wohl bewußt, und schon seit 1325 sind Marienwallfahrten belegt. Im Auf und Ab der Geschichte der Fraukirch überwog bald der Marienkult, bald der Kult um Genovefa.

Kirche und Recht

Aber diese kleine, einsam gelegene Feldkirche der Pellenz, dem Sitz der Pfalzgrafen vor knapp 1000 Jahren, bezog ihre wichtige Stellung von alters her auch aus handfesten weltlichen Handlungen. Bei ihr tagte nämlich das Pellenzgericht, das für die umliegenden vierzehn Pellenzdörfer Recht sprach. Urteilsverkündung fand dann »An den Urteilssteinen« bei Thür statt und nahebei, »Am Gericht« (Flurbezeichnung), erfolgte die Hinrichtung. Im 13. Jahrhundert wurden vor dem Hochaltar der Fraukirch Urkunden für Besitzübertragungen ausgestellt. 1319 schlichtete ebendort Erzbischof Balduin von Trier einen Streit zwischen dem Kölner Erzbischof Heinrich II. und der Stadt Köln. So kamen die Bewohner der Pellenz über die in Jahrhunderten eingetretenen Pfade der Wallfahrer, die ringsum aus dem Feld hier münden, nicht immer nur mit frommen Wünschen. Zeitweilig stand westlich vor der Kirche ein Gerichtsgebäude, das »Pellenzhaus«. Zu den vierzehn Pellenzdörfern zählen: Nickenich, Wassenach, Welling, Trimbs, Plaid, Eich, Bell, Kretz, Ettringen, Hausen mit Betzingen, Kottenheim, Thür und eine kleine Siedlung bei der Fraukirch.

Das Golokreuz an der B 256 als Kopie

Pilgerweg mit Sauwerbrunnen

Wer sich zur Fraukirch begibt, überquert Gelände mit 2000 Jahren Geschichte. Vom Golo-Kreuz aus, das mit seinem Gebet zur »Königin der Barmherzigkeit« den Marienwallfahrtsort bereits ankündigt, führt der zur asphaltierten Straße ausgebaute Pilgerweg der Niedermendiger dorthin. Die Kirchturmspitze ist schon zu sehen. Sanft gewellt liegt das Ackerland in breite grüne Streifen zerlegt, hin und wieder lenkt eine Eiche den Blick auf sich, grell kann ein Vogelschrei die ländliche Stille zerreißen. Nach etwa hundert Schritten steht links ein hohes Kreuz, das ein Ehepaar aus Oberzissen 1658 stiftete, wie zu lesen ist. Christi Herz mit der Lanzenwunde und den drei aus ihm ragenden Kreuznägeln mahnen an die Passion. Ein Stück weiter des Wegs, rechts auf der Brücke des schmalen Kellbachs, übersieht man fast den Stumpf eines Kruzifixes, Kopf und Unterteil sind abgeschlagen. Zu erkennen sind noch der Lendenschurz und die hochgestreckten Arme. Der verletzte Zustand mindert die fromme Verehrung eines Kreuzes nicht, sonst wäre auch dieses hier längst ganz verschwunden.
Da die Fraukirch ein vielbesuchter Ort war,

bevorzugten Stifter dieses Einzugsgebiet zur Errichtung von Prozessionsmälern und Votivkreuzen, die vorrangig, wie bei dem Oberzissener Ehepaar, ihrem eigenen Seelenheil dienen sollten. Aufmerksamkeit und Fürbitte der Passanten waren hier garantiert.
Nach dem eingezäunten Kasernengelände linker Hand streift die Straße dann rechts einen Hügel, den von Bäumen und Buschwerk bekrönten Schmal-Berg. Unter seiner Grasnarbe verbergen sich Schiefer, Grauwacke, Quarzit und kohlensaure Quellen, die aus jüngerer Vulkantätigkeit herrühren. Reginarisbrunnen nennt sich heute die Firma am Pilgerweg, die 1878 das erste Bohrloch zum Abfüllen von Mineralwasser setzte. Der ursprüngliche Name war – wie hätte es in der Nähe der Fraukirch damals anders sein können – »Genovefa-Quelle«, und das schmucke, weißgetünchte Haus mit den dekorativen schwarzen Basaltfenstergesimsen aus derselben Zeit war das »Genovefa-Kurbad«. Doch schon lange vor der industriellen Nutzung, seit Urzeiten, hatte das als Selbstsprudler hervorquellende Wasser am Weg Durstige von fern und nah, Wanderer, Pilger und Kranke erfrischt. Glaubt man den seitenlangen Aufzeichnungen von Gelehrten des 16. Jahrhunderts, so gab es nichts, wogegen »dieser klare Sauwerbrunnen von lieblichen anmütigen geschmack« nicht half: ». . . er heylet die Mundfäul, treibet den Schweiß gewaltiglich, reyniget das unsauber dick melancholisch Geblüt, fürdert den Stuhlgang, und vertreibt die Melancholey . . .« 1892 rühmte ein englischer Arzt das Wasser als alkoholfreien Champagner.

Wallfahrtsziel, Abt und Bauer

Vermutlich haben sich schon die Römer an dem Brunnen gelabt. Wie Grabungen ergaben, siedelten sie großangelegt ein Stück

Das Genovefa-Kurbad

weiter am auslaufenden Hang des Schmal-Berges zwischen Reginarisbrunnen und der Fraukirch. Sie liegt nun dem Blick freigegeben mitten in fruchtbarer Flur. Nicht gerade majestätisch, eher bescheiden, doch anziehend wirkt sie. Hohe Bäume, markant darunter die mehr als 200 Jahre alte Kastanie, umkränzen die Feldkirche, lassen im Sommer zwischen dichtem Grün nur den barokken Dachreiter und das Schieferdach von weitem erkennen. Sie wurden bei einer Restaurierung im 18. Jahrhundert im Barockstil aufgesetzt. Barock ist auch das herrschaftliche Haus dicht daneben. Abt Heinrich Arz von Laach ließ es, wie es lateinisch im Wappen über der Tür heißt, 1765 als klösterlichen Verwaltungssitz bauen. Denn bis zur Säkularisation am Anfang des 19. Jahrhunderts war die Fraukirch im Besitz des Klosters Maria Laach gewesen. Danach wurden die Kirche und das Amtsgebäude mit dazugehörigem Land verkauft und in den dreißiger Jahren des vorigen Jahrhunderts vom Urgroßvater des heute dort ansässigen Landwirtes Robert Sesterhenn erworben. Mit Hof und Stallungen führte er eine bäuerliche Existenz. Der Sitz des Abtes wurde Gutshaus. Nur bis zum Jahr 1906 blieb die Fraukirch Privateigentum. Robert Sesterhenns Großvater wurde ihr Unterhalt zu teuer, und so schenkte er sie der Gemeinde Thür. Aber die Tradition der Familie, für das leibliche Wohl von Pilgern und Ausflüglern zu sorgen, lebt im Haus von 1765, nun Fraukircher Hof genannt, in altbekannter Weise fort, genauso, wie sie ein Chronist am Anfang unseres Jahrhunderts beschrieb: »Auch heute ist die Fraukirch ein noch vielbesuchter Pilger- und Ausflugsort, letzterer besonders, wegen der herrlichen Lage und weil man dort unterm hundertjährigen breitausladenden Kastanienbaum prächtig sitzen und einen guten Schoppen, sowie ein schmackhaftes Bauernschinkenbutterbrot bekommen kann.« Das bringt die freundliche Frau Sesterhenn, sie stellt auch Blumen in die Kirche und verwahrt den Schlüssel. Bei Regen findet man im Haus des Laacher Abtes Platz. Die Rehgeweihe, Wildschweinzähne und ausgestopften Bussarde sind Jagdtrophäen von Robert Sesterhenn, er wurde 1922 auf dem Fraukircher Hof geboren.

»Früher war hier viel los«, erzählte er. »Von meiner Mutter weiß ich, daß um 1900 allein in der Bittzeit vierzig Wallfahrten, noch von hinter Koblenz kamen. Die Pilger übernachteten in der Scheune auf Stroh und bekamen Erbsen- oder Kartoffelsuppe.« 1856 zählte Pfarrer Sauerborn von Miesenheim 64 regelmäßige Prozessionen, zum Teil mit, zum Teil ohne Sanctissimum. Heute kommen noch etwa neun Wallfahrer-Gruppen aus der Pellenz und anderen Orten der Umgebung, den Anfang machen Ostersonntag die Thürer. Aber die Kirmes am ersten Sonntag im August lockt immer noch tausend Tänzer für zwei Nächte unter die Kastanie. So spielt die Fraukirch noch einmal im Jahr ihre alte Mittelpunktsrolle.

Über die Kirche

So wie sie jetzt dasteht, ist sie nur noch das Langhaus einer um 1260 vollendeten gotischen Kirche, die auf Grundmauern einer romanischen Vorgängerin ruht. Die wiederum nahm die Stelle einer Saalkirche aus dem 8. Jahrhundert ein. 1656 wurden eine kleine barocke Sakristei angefügt und 1718 der Turm abgebrochen und durch einen barocken, schiefergedeckten Dachreiter ersetzt. 1840 erfolgte wegen Baufälligkeit die Niederlegung der Seitenschiffe. Drei gotische Fächerfenster auf jeder Seite sind erhalten, die Scheidarkaden wurden vermauert. Zwar war die Fraukirch nicht die frühchristliche Kultstelle der Pellenz; man nimmt an, daß einige Dörfer in der Nähe bereits ihre Kirche hatten. Aber man vermutet, daß sie, früh in den Besitz des Trierer Erzbischofs gelangt, als dessen Eigenkirche auch im Aufbau der kirchlichen Organisation eine Rolle gespielt hat. Sie war keine Pfarrkirche, sondern besaß als »capella libera« eine eigene rechtliche Stellung, bis zum Anfang des 18. Jahrhunderts. Der Kirchherr zu Vrouwenkirchgin erhielt 1325 das Recht, die Sterbesakramente zu spenden. Bei Ausgrabungen 1951 kam ein mittel-

Die Wirtin des Fraukircher Hofes und Türhüterin der Kirche, Frau Margret Sesterhenn

alterlicher Friedhof zum Vorschein, der zu einer kleinen Siedlung bei der Kirche gehörte. Ein prächtiges gotisches Sakramentshäuschen im rechten Chor der Fraukirch erinnert an die Aufbewahrung des Allerheiligsten.

Das Kircheninnere beherrscht heute der Hochaltar, eine Reliefarbeit aus Tuffstein in kraftvollem Bauernbarock von 1664. Jeder Engelkopf, jede Gestalt und Einzelheit sind prall geformt und, seit der Restaurierung 1972, grell bunt bemalt. Der ganze überbordende Prunk entfaltet sich in gewundenen Säulenpaaren, die vollplastisch die Aufbauten rechts und links stützen. An diesem Altar treffen die Heiligste der Heiligen, Maria, und die legendäre Genovefa von Brabant zusammen, die Volksfrömmigkeit demonstriert hier ihre völlige Unbekümmertheit. Bekrönung und Einfassung illustrieren Stationen aus dem Leben der Gottesmutter, doch im Zentrum beherrscht Genovefa die Szene: ihr Gemahl, Pfalzgraf Siegfried, nimmt vor seinem Aufbruch ins Heilige Land Abschied von ihr, seine Mannen sitzen bereits auf. Dann sieht man Genovefa in der Wildnis des Waldes im hohlen Baum, Sohn Schmerzensreich und die Hirschkuh zu ihren Füßen. Es folgen ihre Wiederauffindung mit Jagdgefolge, die Einweihung der Kirche und als effektvoller Abschluß und Höhepunkt des Reliefs der realistisch dargestellte Vollzug der grausamen Bestrafung des Ritters Golo für seine Schuld am leidvollen Schicksal der Genovefa. Ausgestreckt, mit Stricken um Arme und Beine, hängt er nun hilflos an vier Ochsen gebunden. Männer holen bereits mit der Peitsche aus, die kräftigen Tiere anzutreiben, damit sie im nächsten Augenblick lospreschen und Golos Leib in Stücke reißen.

Genovefa spinnt

An der Rückwand dieses Altares fand ein besonderer Genovefa-Kult statt. In einer viereckigen Aussparung, der »Genovefa-Höhle«, glaubte man ihre Gebeine bestattet. Schon nachts kamen die Wallfahrer, beteten an »ihrem Grab« – denn es war von Wunderheilungen berichtet worden –, und stellten brennende Kerzen in die Öffnung. Auch krochen sie mit dem Kopf hinein, um das Rauschen »ihres Brunnens« (möglicherweise Quellen des nahen Reginarisbrunnens) zu vernehmen, warfen Münzen hinein und ritzten ihre Namen in die Wand. Nachts soll Genovefa auch auf dem Altar gesessen und gesponnen haben. Nachdem die Fraukirch 1906 aus Privatbesitz wieder unter kirchliche Aufsicht gekommen war, wurden diese volkstümlichen Bräuche drastisch gedrosselt auch durch die Aufklärung, daß diese Genovefa keine wirkliche Heilige sei und die Kirche ein Haus der Mutter Gottes. Vielleicht war es der Kirchherr von der Fraukirch selbst, der gegen Ende des 14. Jahrhunderts die Genovefa-Legende abfaßte und gezielt verbreitete. Denn die kleine Kirche hatte zu der Zeit an Bedeutung verloren, auch weil nun der Ausbau der Pfarreien der umliegenden Dörfer abgeschlossen war und ihre seelsorgerische Stellung dadurch an Gewicht verloren hatte. Genovefa mochte da geeignet erscheinen, als Lockvogel neues Interesse an der Kirche zu wecken. Da sich in der Kirche tatsächlich das Grab einer verehrten, aber nicht mehr zu identifizierenden Person aus dem 8. Jahrhundert befand, hatte diese Gründungslegende einen scheinbar realen Bezug. Die unbekannten Gebeine wurden im Volksglauben Genovefa zugeschrieben. Auch das Hochgrab aus der Zeit um 1360 mit der Darstellung eines namenlosen Ritterehepaares – es steht in der hinteren rechten Ecke im Kirchenraum – machte einen Bedeutungswandel durch. Das Volk sah in ihm die Platte des Grabes der Genovefa und ihres Gemahls, des Pfalzgrafen Siegfried. Der letzte Höhepunkt des durch Jahrhunderte von Generation zu Generation weitergegebenen Genovefa-Kultes scheint im vorigen Jahrhundert gewesen zu sein, während die Kirche in Privatbesitz war.

Kelchengelkreuz im Holunderbusch bei der Fraukirch

Gestickter Dank

Zeugen der Marienverehrung sind im Kircheninneren, abgesehen von den Altarbildern, die Skulptur einer Strahlenmadonna, das Gnadenbild der in Holz geschnitzten Pietà (das Orginal befindet sich in Ebernach) und fast fünfzig in Marmor oder Basaltlava geritzte, aber auch gestickte und gemalte Danksagungen: »Maria hat geholfen«, »Dank der lb. Muttergottes für erlangte Hilfe«. Die jüngste kleine Tafel ist von 1983. Auch das berühmte spätmittelalterliche Monument der Marienverehrung, das Golokreuz, steht in der Fraukirch. Zum Schutz vor Dieben wurden die orginalen Restteile – Säule, Sockel und Mühlstein – mit einem nachgearbeiteten Kopfteil am 9. September 1985 hier aufgestellt.

Draußen, an die Kirchwand gelehnt oder eingemauert, versteckt in Holunderbüschen oder frei sichtbar, wo die Römerstraße Trier – Andernach hinter dem Gutshaus sich mit dem Pilgerweg nach Hausen vereint, bezeugen Basaltlavakreuze auch noch die Bedeutung des Ortes. Die meisten stammen aus dem 17. Jahrhundert. Barockzeitlich ist ebenfalls das Tuffrelief mit dem Gekreuzigten (heute eine Kopie) in dem Kapellchen hundert Meter feldeinwärts, Richtung Hausen. Christus wird von Maria und Johannes beweint, und Engel schweben unter seinen Händen, fangen in Kelchen das Blut auf. Die Kelchengel, die allein auf fünf Kruzifixen bei der Fraukirch wiederkehren, sind ein typisches Merkmal der Eifeler Kreuzlandschaft.

Das Land ringsum

Das Kapellchen mit dem Kruzifix war einst die letzte von Sieben (gemauerten) Stationen, die von der Fraukirch aus hierher führten. Allein übriggeblieben, steht es heute auf hohem Podest aus Erde wie auf einer Warft und zeigt die ursprüngliche Höhe der Flur an. Denn soweit das Auge reicht, wurde hier das Land ringsum beim Bimsabbau um mehr als zweieinhalb Meter gesenkt. Manches Kreuz versetzte man dabei etwas, und etliche verschwanden. Doch alle Sommer wieder rauscht hier das Korn und verbreitet seinen herben Duft, schlagen die Lerchen, kriechen Ameisen über die Basaltlavamäler, über den Schöpflöffel nahebei, wo die Feldwege von Trimbs und Hausen zusammentreffen, oder über das Kreuz in der Ferne, das im Süden kohlschwarz im gelben Feld anzeigt: »1640 PIETER WILER. JAKOB GEIS. IHS.« Eine Aufforderung an den Vorübergehenden zur Fürbitte. Von hier, von der Fraukirch, geht man fort mit dem Gedanken, wiederzukommen.

Volkstümliche Bräuche und Traditionen

Das Beten der sieben Fußfälle

Das »Beten der sieben Fußfälle« hatte von allen volkstümlichen Bräuchen an Eifeler Flur- und Wegekreuzen die stärkste Lebenskraft, wenn auch heute dieser Sterberitus für die Fünfzigjährigen nur noch Kindheitserinnerung bedeutet und er den jüngeren Dorfbewohnern schon fremd geworden ist. Im 17. und 18. Jahrhundert waren jedoch der Raum um Köln und das Rheinland zwischen Mosel und Düsseldorf Zentrum des Kultes, und er stellte eine Eigenart der Gegend dar. Aus den spätmittelalterlichen Kreuzwegandachten hervorgegangen, fand er im Rheinland mit seiner Vorliebe für die Mystik starke Verbreitung. Bei diesen Andachten schritten Gläubige einen angelegten Weg ab, der von sieben Stationen bezeichnet war. Er sollte dem Weg entsprechen, den Christus mit seinem Kreuz vom Gerichtshof des Pilatus bis nach Golgotha zurückgelegt hatte. Vor den einzelnen Stationen im Freien, auch Fußfälle genannt (da Christus siebenmal mit dem Kreuz gefallen sein soll), verharrte man zum Gebet. Im Gebiet der Eifeler Basaltlavakreuze waren sie Bildstöcke vorwiegend aus Lava und illustrierten meist folgende Szenen: 1. Jesus betet am Ölberg, 2. er wird verurteilt, 3. er bricht unter dem Kreuz zusammen, 4. er begegnet seiner Mutter Maria, 5. Simon von Cyrene trägt das Kreuz, 6. Veronika reicht ihm das Schweißtuch, 7. er stirbt am Kreuz.
Die Sitte, sieben Stationen oder Fußfälle zu besuchen, um für einen Sterbenden oder Toten zu beten, erlangte außerordentliche Bedeutung. Vermutlich wirkte dabei auch ein noch viel älterer Glauben mit, Vorstellungen von der Gefährlichkeit eines Toten oder von der Möglichkeit, die Gottheit zu einer raschen Entscheidung zwingen zu können. Denn Sinn des Kultganges war es, ein Ende, eine Wende des Todeskampfes herbeizuführen, daß es zur Gesundung des Kranken oder ruhigem Sterben käme. Das verlief so: Lag ein Dorfbewohner im Sterben, dann gingen sieben Personen zu den »Sieben Stationen« und beteten auf dem Weg sieben Vaterunser, den schmerzhaften Rosenkranz und – zur Gewinnung der ewigen Seligkeit – das Fünf-Wunden-Gebet. Dabei fügten sie die Formel ein: »Herr, gib dem Kranken an Leib, was ihm nützlich und was ihm selig ist, und nimm ab, was ihm schädlich ist. »Die Symbolik der Siebenzahl muß eine große Rolle gespielt haben.
Die »Sieben Stationen«, anfangs Passionsbildstöcke, waren später zunehmend auch sieben Kreuze der Dorfgemarkung, die keinerlei Bilddarstellungen zu haben brauchten. Von Dorf zu Dorf konnte der Ritus etwas abgewandelt sein. Aber meist wurden sieben Knaben zum Beten geschickt, wenn der Todkranke ein Mann war, und lag eine Frau im Sterbebett, dann liefen sieben Mädchen, die »Foßfallmädchens« zu den »siwe Kreuzer«. Manchmal mußten es vier Knaben und drei Mädchen tun, oder sieben Waisenkinder. Die Kinder wurden oft aus dem Schulunterricht herausgeholt und von einer älteren Frau begleitet. Manchmal reichten sie dem Kranken die Hand, ehe sie zu sieben Kreuzen an der Dorfstraße und auf dem Feld losliefen. Aus einigen Orten wird berichtet, daß sie in bestimmter Ordnung, hintereinander wie im Gänsemarsch, gingen und beteten, ohne sich umzusehen, und daß ihnen Passanten und Fuhrwerke ohne Aufforderung Platz machten, Schafherden zur Seite getrieben wurden. Zurückgekehrt ins Haus des Kranken, erhielten die Kinder eine Belohnung, etwas zu essen oder ein wenig Geld. Die dem Kreuz im Volksglauben zugeschriebene heilsame und übertragbare Kraft kam auch gelegentlich darin zum Ausdruck, daß die sieben Betenden das Hemd des Kranken mitnahmen, um es an ein Kreuz zu halten. Auch für bereits Gestorbene wurden die Fußfälle gebetet: »Da war son ale Mann gestorben. Wir liefen in sein Haus und haben den Toten aufgebahrt

»Jesus am Ölberg«, Bildstock von 1954 in Kruft

gesehen. Dann gingen wir zu den ›Sieben Fußfällen‹ und beteten für seine Seele«, erinnert sich heute ein ehemaliger Landwirt aus Kell. Damals, um 1930, besuchte er noch den Kindergarten. Das Beten der sieben Fußfälle war so tief verwurzelt, daß die von der Kirche vorgenommene Erweiterung der sieben Stationen auf vierzehn im 18. Jahrhundert sich im Rheinland nur schwer durchsetzte. Noch im 19. Jahrhundert waren auch in der Eifel Stiftungen von sieben Stationen üblich, in Kruft wurden sieben verfallene 1954 wieder durch sieben neue ersetzt.

Pilger und Kreuz

Pilgerwege waren bevorzugte Aufstellungsorte für Wegekreuze, sicher nicht zuletzt, weil sie hier Beachtung der vielen Wallfahrer finden konnten. Denen bedeutete das Kreuz am Weg nicht nur Aufforderung zum Fürbittegebet für den Stifter, sondern auch Wegweiser, Station der Andacht und Ort der Rast auf dem stunden- oder tagelangen Fußmarsch. So wird zum Beispiel berichtet, daß die Teilnehmer einer großen Matthias-Wallfahrt aus einem Eifeldorf im Jahr 1717 auf dem Weg nach Trier an insgesamt siebzig Wegekreuzen anhielten und beteten. Das kann man sich heute nur noch schwer vorstellen, so stark ist dieser Brauch zurückgegangen. Aber ganz erloschen ist er nicht. Krufter Wallfahrer zum Beispiel, die seit einem Gelöbnis von 1674 jedes Jahr hundert Kilometer weit zum »blutschwitzenden Heiland« nach Noth-Gottes bei Rüdesheim pilgern, halten immer noch an einem Wegekreuz mit Kelchengeln von 1662 an der Straße zwischen Kruft und Ochtendung. Sie sprechen davor das Gebet zu den Heiligen Fünf Wunden. Gelobt wurde dieser Pilgergang seinerzeit von Kruftern, um die Pest loszuwerden, die die Zahl der Dorfbewohner bereits um zwei Drittel auf nur noch 300 hatte schrumpfen lassen und auch fünf Pfarrer hintereinander hinweggerafft hatte. Der fünfte, Thomas von Inden, war Mönch aus Maria Laach. Er hatte sich für die Stelle im pestverseuchten Dorf freiwillig gemeldet und starb neun Monate nach Amtsantritt im Alter von 33 Jahren. Seine Grabplatte ist innen in die Kirchenwand eingelassen und aus Basaltlava gearbeitet.

Kreuzchenlegen bei St. Jost

An einem alten, seit reichlich dreihundert Jahren begangenen Pilgerweg zur Kapelle St. Jost steht im Mayener Wald kurz vor dem Ziel, dort, ehe der Berg dann steil zum Tal der Nitz abfällt, ein Basaltlavabildstock aus dem Jahr 1645. Er zeigt den unterm Kreuz zusammenbrechenden Christus. Mit diesem Bildstock aus der großen Mayener Werkstatt, gestiftet von »HANS NEIZER« und seiner Frau »ANA BELGES«, verbindet sich ein noch sehr lebendiger volkstümlicher Brauch. Ehe die Pilger den Abstieg antreten, beten sie davor: »Heiliger Jodokus, zu Dir kommen wir, Deine Hilfe erflehen wir«, und legen bei ihm kleine Kreuze nieder, die sie unterwegs aus Ästen, Hölzern, dünnstem Reisig, Tannengrün oder auch Blumen gesteckt, geschnitzt oder anders gefertigt haben. »Mit dem Kreuz legt jeder seine persönlichen Anliegen nieder«, erklärt dazu eine Bewohnerin aus dem Dorf Pommern, die schon öfter als 25mal mitging. »Das eigene Kreuz unter das Kreuz Jesu legen«, so will der Pfarrer von Langenfeld, zu dessen Gemeinde die einsam gelegene Wallfahrtskapelle St. Jost gehört, diesen über Jahrhunderte geübten Brauch interpretiert sehen. Der Ritus des »Kreuzchenlegens« ist in Mitteleuropa schon im Mittelalter bekannt gewesen. Abwehrglaube und andere volksgläubige Vorstellungen mögen dabei zum Ausdruck gekommen sein.

Nach einer kurzen Andacht vor dem Bildstock und dem Gebet des Schmerzhaften Rosenkranzes steigen die Pilger dann hinab ins Nitztal zur Jodokus-Kapelle. Ein Trampelpfad über die Wiese neben der Nitz ist das letzte Wegstück. Bei der Kapelle stehen eine alte Mühle, ein kleiner Fachwerkbau – heute ohne das Radwerk – und ein Wirtshaus. 1985 kamen aus der Eifel, dem Ahr-

Die Kapelle St. Jost

tal, vom Westerwald und aus Moseldörfern an vier Wochenenden Ende September und Anfang Oktober mehr als 8000 Wallfahrer nach St. Jost in sechzig angemeldeten und unangemeldeten Gruppen, mit und ohne Pfarrer (1894 wurde ihre Zahl auf 12–15 000 geschätzt). Die Ausstrahlungskraft von St. Jost im Nitztal war immer stark, und sie nimmt zur Zeit zu. Darum mischte sich 1985 auch Bischof Hermann Josef Spital aus Trier unter die Pilger. Für sie wird jedes Jahr in der Langenfelder Kirche St. Quirinus an den entsprechenden vier Samstagabenden Gottesdienst gehalten. Einige feierten in Anwesenheit des Bischofs ihr 50. und 60. Jodokus-Wallfahrtsjubiläum.

Die Wallfahrer, die sich der Kapelle von Süden her nähern und den Bildstock von 1645 passieren – das sind natürlich nicht alle Jodokuspilger –, verrichten ihre Kultübung neuerdings vor einem zerbrochenen Mal. Denn der schöne Kopfteil des Bildstocks von 1645 mit bekrönendem Kreuz wurde abgetrennt und liegt nun auf der Erde gegen den Schaft gelehnt. Die Kreuzchen gruppieren sich seitdem um beide Stücke, türmen sich zu einem Hügel: die großen, bis zu 1,2 Metern hohen, sind oft aus zwei Ästen einfach nur zusammengelegt, der eine liegt in der Astgabelung des anderen. Meistens werden die Kreuzschenkel an ihrem Schnittpunkt irgendwie fixiert, zusammengebunden, geklebt, gesteckt. Dafür werden Schnürsenkel, Grashalme, Blumen, Bindfaden, Draht und Leukoplast verwendet.

Oder ein kleiner Ast wird gespalten und durch den Schlitz ein zweiter hindurch gezogen. Manche Kreuzgestecke sind kleiner als ein Handteller und mit Poesie gemacht: über Kreuz gelegtes weiches Tannengrün, gebunden von blauen Glockenblumen. Einige aus hellem Holz perfekt gezimmerte Kreuze hatten Wallfahrer vorher bei einem Mann in Pommern bestellt. Sie fallen auf, denn Tradition ist, die Kreuzchen unterwegs auf dem Kultgang zu fertigen.

Heiliger Königssohn, der Liebling der Bauern

Für viele Pilger, wie die aus Klotten, ist der Fußmarsch nach St. Jost so weit, daß sie auf dem Rückweg übernachten. Wo und wann, das steht in der Tagespresse, die auch Ratschläge erteilt: ». . . Wer sich einige Tage vorher abendlich die Beine und Füße mit Schnaps einreibt, übersteht die Strapazen viel besser« (Klotten). Die Wallfahrt von Klotten nach St. Jost geht auf ein Versprechen zurück, das seine Bewohner Anfang des 19. Jahrhunderts machten, um von einer verheerenden Seuche befreit zu werden. Ähnliche Gelübde aus der Vergangenheit sind Ursprung auch der meisten anderen Pilgergänge dorthin. Denn der heilige Jodokus, keltischer Königssohn aus dem 7. Jahrhundert, Priester und Gründer einer Einsiedelei, über der später sein Kultzentrum, die Benediktinerabtei St.-Josse-sur-Mer in Nordfrankreich, gebaut wurde, war Patron der Kranken und Hospitäler, der Siechen und Siechenhäuser. Hoffnung auf Heilung ihrer lahmen Glieder zog seit mehr als 300 Jahren Gebrechliche ins Nitztal. Früher hingen in der Kapelle etliche Krücken, eine öffentliche Dankbezeugung der Geheilten, die ihr nicht mehr benötigtes Hilfsmittel der Gnadenstätte überließen. Heute findet man dort noch zwei Krücken und kleine Tafeln mit Aufschriften wie: »Dank d. hl. Jodokus für die Heilung d. rechten Hand.«
Vielfältig sind die anderen Patrozinien des Jodokus, die ihn im 16. Jahrhundert zum Lieblingsheiligen des Bauernstandes machten: gegen Feuersbrunst, den Brand der Ernte, Stürme und Gefahren der Seefahrt, Gewitter und Hagelschlag, Engerlinge, Kornmilben und alle Schädlinge des Getreides, Viehseuchen wie die rote Ruhr, für das Gedeihen der Feldfrüchte, des Obstes. Außerdem war Jodokus noch Schutzheiliger der Schiffer, der Pilger, Blinden, der Bäcker, der Liebe und des Kindersegens, schließlich des Kellers.

Kreuzchen am Bildstock

Wie kam er an die Nitz?

Mit seinem Pilgerpatronat hängt, wenn die allgemeine Annahme stimmt, die Entstehung der St.-Jost-Kapelle im Nitztal zusammen: Ein Graf von Virneburg soll sie aus Dankbarkeit für glückliche Heimkehr von einer Pilgerreise nach Jerusalem in einer Höhle im Nitztal zu Ehren des Heiligen haben erbauen lassen. Zeitangaben dazu fehlen. Auf einem Gewölbeschlußstein des Chores der Kapelle befindet sich denn auch das Wappen der Virneburger vom 14. Jahrhundert. Einer Sage nach sollte die Kapelle am Fuß des Burgberges in Virneburg errichtet werden: doch in einer Nacht mit Sturm und Wolkenbrüchen schwoll die Nitz stark an und trat über die Ufer, so daß das Baumaterial von den Fluten weggerissen wurde. Die Reste fand man etwa zwei Kilometer weiter im einsamen Tal der Nitz wieder. Der fromme Graf sah in dem Geschehen einen Wink des Himmels und ließ dort, wo das Holz sich abgesetzt hatte, die Kapelle errichten.

Woher der gräfliche Pilger vom heiligen Jodokus wußte, ist nicht eindeutig geklärt. Die Jodokus-Verehrung nahm Ende des 13. Jahrhunderts von St.-Josse-sur-Mer (heutige Bretagne) ihren Ausgang, nachdem es selbst ein bedeutender Wallfahrtsort geworden war. Sie breitete sich über Frankreich, Belgien bis nach Prüm und Trier und sogar nach Ostpreußen aus. Die der Kapelle im Nitztal nächstgelegene Verehrungsstätte des Heiligen ist die Wallfahrts- und Leprosenkapelle St. Jost bei Trier-Biewer. Jost, aus der französischen Zwischenform, Josse, entstanden, ist die häufigste deutsche Form von Jodokus.

Einer Legende nach soll Jodokus auf einer Pilgerreise nach Rom durch das Nitztal gekommen sein. So zeigen ihn auch die beiden Plastiken in der Kapelle als Pilger, die freistehende Holzskulptur aus dem 18. Jahrhundert und die Relieffigur am buntbemalten Hochaltar in Bauernbarock. Groß und stattlich steht er hier an der linken Seite des Altaraufsatzes in einer Muschelnische im Pilgermantel mit Pilgerstab und einem Buch unter dem Arm. Sein rechtes Pendant stellt den heiligen Quirinus als Ritter mit Rosenkranz dar. Beide rahmen die Verkündigungsszene ein, über der noch die Anbetung der Heiligen Drei Könige eingearbeitet wurde. Die Anbetenden werden von der heiligen Katharina und der heiligen Lucia flankiert, und der krönende Abschluß des Altares, einer vergoldeten Reliefarbeit aus Tuffstein, zeigt den heiligen Georg zu Pferd. Der Altar stammt aus dem Jahr 1655 und ist mehrere Male farbig neu gefaßt worden. Im Stil ähnelt er dem aus der Fraukirch.

Die Kapelle

Die St.-Jost-Kapelle wurde 1436 erstmals schriftlich erwähnt. An ihren gotischen Chor schließt sich ein gotisches Langhaus an, dem später ein barockes Seitenschiff nach Norden angebaut wurde. Als die Kapelle während der Reformation vorübergehend an die protestantischen Grafen von Manderscheid-Schleiden kam, setzten die Wallfahrten vermutlich aus. 1574 kaufte der Trierer Kurfürst Jakob von Eltz für 2000 Goldgulden Langenfeld und damit die Kapelle zurück. Die Jodokusverehrung bekam nun wieder Aufwind. 1702 zeichnete Papst Clemens IX. die Wallfahrt mit einem eigenen Ablaß aus. Etwa in dieser Zeit waren der Kapelle im Nitztal auch Reliquien des heiligen Jodokus von St.-Josse-sur-Mer überlassen worden. Sie kamen dann in die Pfarrkirche von Langenfeld, als die Kapelle 1803 als Folge der Säkularisation unter französischer Fremdherrschaft geschlossen und als Stall und Scheune genutzt wurde. Erst 1839 war die kleine Kirche wieder als Gotteshaus zugänglich geworden. Ungefähr hundert Jahre später erging das Verbot der Pilgergänge durch die Nationalsozialisten. Danach kamen 1945 die ersten Wallfahrer wieder, zu ihnen gehörten Bewohner aus Hönningen an der Ahr. Sie nähern sich dem Tal von Westen und kommen daher nicht an dem Bildstock von 1645 vorbei, legen keine Kreuzchen ab. Sie pflegen eine andere Kulthandlung. Kurz vor dem Ziel waschen sie sich an einer Quelle Augen und Stirn – das soll gegen Kopfschmerzen und Erblinden helfen. Dieser Voksglaube stützt sich auf Heilungslegenden des Jodokus und darauf, daß er einst »voll lebendigen Glaubens an die Macht und Güte Gottes« dem Boden mit seinem Stab eine Quelle mit reichlich frischem Wasser entlockt haben soll.

Das »Kümmerniskreuz«

»Wer an einem Halsübel leidet, pilgert zur Kapelle des heiligen Jodokus bei Langenfeld und ruft die Fürbitte dieses vom Volk Jost genannten Heiligen an«, heißt es in einer älteren Eifeler Volkskunde. Auch Wegekreuze hatten im Volksglauben Heilkraft, und mit ihnen verbanden sich Bräuche, die alle Schattierungen mit fließenden Übergängen von Frömmigkeit und Aberglauben hatten. Tragend war dabei die Vorstellung von ihrer Schutz- und Abwehrkraft.

Das »Kümmerniskreuz«

So machten schwangere Frauen aus dem Umkreis von Mendig vor der Entbindung Bittgänge zu einem Kruzifix von 1670, das heute bei der Obermendiger Kirche St. Genovefa steht (früher am Weg nach Thür). Wenn nach der Geburt ihr Kind dann an »Grind«, Milchschorf, erkrankte, gingen die Mütter wieder zu dem Kreuz, beteten und opferten dort Naturalien, deren Gewicht dem des Säuglings entsprach. Dieses Kreuz wird von den Mendigern »Kümmerniskreuz« genannt, wohl nach der heiligen Kümmernis, einer Volksheiligen. Sie war, so die seit dem 15. Jahrhundert bekannte Legende, Tochter eines heidnischen portugiesischen Königs, glaubte an Christus und hatte deshalb Jungfräulichkeit gelobt, als der Vater sie mit einem heidnischen Prinzen zu vermählen wünschte. Um den Prinzen abzuschrecken, bat sie Gott um Entstellung, und es wuchs ihr ein Bart. In seinem Zorn darüber ließ der Vater sie kreuzigen. Das Spiel eines an ihrem Kreuz vorbeiziehenden Geigers tröstete die Königstochter noch, und sie warf ihm zum Dank einen ihrer goldenen Schuhe zu. Diese Legende entstand wahrscheinlich aus nicht mehr verstandenen Nachbildern eines im Mittelalter verehrten Kruzifix-Typs (Volto Santo), der Christus am Kreuz mit einer gegürteten Ärmeltunika bekleidet zeigt. Dieses kleidähnliche Gewand führte dann zu dem Mißverständnis, Christus sei die bärtige heilige Kümmernis. Nun ist Christus an dem Obermendiger Kruzifix nur mit einem schmalen Lendentuch angetan, aber sein Kopf ohne Dornenkrone und mit langer, weiblich wirkender Haartracht und dem Vollbart mag zu der Verwechslung geführt haben. Auch seine Haltung – Christus steht auf einer Fußstütze – entspricht anderen Kümmernisdarstellungen.

Ende und Wiederbelebung

Die volkstümlichen Bräuche, ein Wegekreuz aufzusuchen, um von Zahnschmerzen oder Geschwüren befreit zu werden, oder einen ständig schreienden Säugling ruhig zu

Schabspuren an der Mauer der Kirche von Gillenbeuren

bekommen, oder als Allheilmittel abgeschabtes Kreuzpulver ins Essen zu mischen, gehören wohl der Vergangenheit an. Doch so ganz sicher kann man sich dessen in der Eifel nicht sein. Eingeschlafen ist ebenfalls die Sitte, im Frühjahr vor dem Pflügen des Bodens ein Kreuzchen aus Wachs an den Pflug zu kleben und gegen Vogelfraß beim Streuen des Samens zu frommen Sprüchen das Kreuzeszeichen zu schlagen. Ende oder Rückgang volkstümlicher Bräuche an Wegekreuzen haben eine Entsprechung im Verlust ihrer Bedeutung im kirchlichen Leben. So hält zum Beispiel der Leichenzug nicht mehr am Kreuz, und schon lange verloren Wegekreuze ihre Funktion als die vier Stationen bei der Fronleichnamsprozession. Der Segen mit dem Allerheiligsten wird allgemein im Basaltlavagebiet meist nur noch einmal gegeben, und dann in der Ortsmitte bei einem für den Tag aufgebauten Altar.

Aber es gibt Versuche, die alten Traditionen wiederzubeleben wie in Niedermendig. Nach einstimmigem Beschluß des Liturgieausschusses hielt dort 1985 die Fronleichnamsprozession am 6. Juni erstmals wieder an einem Kreuz, dem prachtvollen Prozessionskreuz von 1697 in der Pellenzstraße bei der Kapelle mit der Blutmadonna. Auf seinem mit einer weißen Decke geschmückten Altar wurde die Monstranz während eines Gebetes abgesetzt, und vor ihm gab der Priester dann den ersten sakramentalen Segen. Ort des zweiten und letzten Segens mit dem Sanctissimum war der Niedermendiger Hospitalplatz, wo aus Tischen ein Altar zusammengestellt worden war. Die Anregung zur Einbeziehung des Wegekreuzes in die Prozession hatte Pfarrer Michael Hoellen von der St.-Cyriakus-Gemeinde gegeben. Denn nach seiner Erfahrung ist die Verehrung des Kreuzes bei der Bevölkerung noch tief verwurzelt, oft unbewußt, was ganz nebenbei zum Ausdruck kommen kann: »Nimm das mal weg, man tritt nicht auf ein Kreuz.« Das sagte in seiner Anwesenheit

Fronleichnam 1985 in Niedermendig: Station am Kreuz

eine Mendigerin zu ihrem Sohn, als ein Hammer und Zollstock auf der Erde zufällig überkreuz lagen. Hoellen selbst, Jahrgang 1948, hat noch im Kindergarten in Ahrweiler 1953 gelernt, vor einem Kreuz die Mütze abzunehmen. Aber seine Generation zeigt heute nur ausnahmsweise diese alte Ehrerbietung. Häufiger sieht man Sechzigjährige und noch Ältere die Kopfbedeckung wie zum Gruß ziehen. Für sie verbinden sich mit Wegekreuzen oft Kindheitserinnerungen. »Meine Mutter stammte von Eich«, erzählt ein Krufter Landwirt, »und so gingen wir Geschwister oft mit ihr von Kruft dorthin über Land, vorbei an sechs Kreuzen. Sie sprach bei jedem ein Gebet, ich glaube, den Rosenkranz, und sie lehrte uns, die Mütze zu lupfen«. Das war in den zwanziger Jahren. Anfang der dreißiger Jahre, berichtet Bürgermeister Syré von der Verbandsgemeinde Mendig, sei er sonntags mit den Eltern und fünf Geschwistern immer von Obermendig zu Fuß nach Maria Laach zur Kirche gegangen, und bei jedem von vier Kreuzen an den Feldwegen seien sie stehengeblieben. »Hier müssen wir für eine Mutter mit sieben Kindern beten«, habe seine Mutter jedesmal an einem ganz primitiven Kreuz gesagt. Heute fährt man mit dem Auto zur Kirche, und viele der Wegekreuze stehen nicht mehr. Gleichgültigkeit, auch Unachtsamkeit haben meist die Andachtshaltung verdrängt. Darum konnten so viele Kreuze verlorengehen beim Bimsabbau, Straßenbau und im Alltag der Bauern, die mit den breiten Landwirtschaftsmaschinen Kreuze rammen und umwerfen. Ist erst Gras über sie gewachsen, gelten sie oft bereits als verschollen.

Blumenschmuck in Polch

Feldblumen und Stilbruch

Demgegenüber stehen etliche private Initiativen von einzelnen und Vereinen zur Pflege und Erhaltung der religiösen Wegemäler. Feldblumensträuße in Schöpflöffelnischen und aufgestellte Lichter zeugen von spontaner Verehrung. Organisierte, regelmäßige Pflege reicht vom Schmücken mit Blumentöpfen, Bepflanzung der Umgebung – ein Baum rechts und links des Kreuzes – bis zur Organisation von Ausbesserungen, Wiedererrichten und Schutzmaßnahmen vor Diebstahl wie das Versetzen aus einsamer Flur in die Ortsmitte. Leider ist das Ergebnis von Ausbesserungen oft eine zweischneidige Sache. In Kell brachte man sieben Fußfälle, Basalt-Bildstöcke, »GESTIFTET VON CATHARINA BREITBACH UND IHREN BRÜDERN MICHAEL UND PETER, 1884«, vom Baugelände »Am Eichenhain« in Sicherheit und stellte sie neu am Waldrand auf. Die schadhaften Reliefszenen vom Ende des vorigen Jahrhunderts, ursprünglich vermutlich aus Tuff, wurden dann 1979 von Zinkplatten ersetzt, auf die modern-konventionelle Zeichnungen der Fußfälle eingeätzt sind. Die sieben Stationen sind gerettet – das ist gut –, aber ihre Vollständigkeit wurde mit dem hohen Preis des Stilbruchs bezahlt. Das Landesamt für Denkmalpflege in Mainz sieht solche Verschlimmbesserungen hilflos mit an. Ihm fehlen Mittel für sachgerechte Restaurie-

Stilbruch an Bildstöcken aus dem 19. Jahrhundert

rung dieser Kleinstdenkmäler, die nicht einmal vollständig in einem Register erfaßt sind. Das »Gesetz zum Schutz und zur Pflege der Kulturdenkmäler« schreibt zwar vor, Instandsetzungen mit der Denkmalfachbehörde abzusprechen. Aber in der Praxis geschieht das allenfalls, wenn man gleichzeitig eine Beihilfe beantragt.

Lebendiges Handwerk

Nicht immer geht die Reparatur beschädigter Basaltkreuze oder Bildstöcke unbefriedigend ab. Was in die Hände niedergelassener Steinmetzen fällt, die Schüler der Steinmetzfachschule in Mayen (1922–1966) waren, ist gut aufgehoben. Schon Professor Carl Burger (1875–1950), erster Leiter der Schule, hatte sich um Restaurierung von Wegekreuzen bemüht, unentgeltlich. Sein Einsatz machte unter den ortsansässigen Grabsteinmachern böses Blut. Vor allem wegen seiner Grabmäler, Auftragsarbeiten, die er in seiner Privatzeit fertigte, feindeten sie ihn aus Konkurrenzangst heftig an. Sein Nachfolger nach dem Zweiten Weltkrieg, Anton Woger (1904–1985), legte in Mayen einen Musterfriedhof an, auf dem dann nur Naturstein, meist Basaltlava, als Grabsteinmaterial verwendet werden durfte und Grabeinfassungen nicht zugelassen waren, da sie dem Gedanken eines Gottesackers widersprächen. Die zu Steinmetzmeistern, Steinmetztechnikern und Steinbildhauern ausgebildeten Schüler, die auch aus der Schweiz, Holland, Österreich und Frankreich kamen und sich immer noch regelmäßig treffen, lernten in Mayen selbstverständlich Umgang mit den alten Werkzeugen. Das sind zur feineren bildlichen Gestaltung, wie auch zu einem Kruzifix, die Meißel verschiedener Größen: Beitzeisen (1,5 Zentimeter breit), Schlageisen (2,5) und das noch breitere Halbeisen. Scharriereisen messen mehr als vier Zentimeter. Alle Meißel werden mit dem Schlag des Eisenfäustels, einem Hammer mit Gewicht bis zu 1,5 Kilogramm,

in den Stein getrieben. So arbeiteten die alten Kreuzemächer in Basaltlava. Bei weicherem Gestein wie Tuff benutzten sie den Knüpfel, einen birnenförmigen Hammer aus Weichbuchenholz.
Restaurieren von alten Architekturteilen, gelegentlich auch von Wegekreuzen, ist, außer Monumentalplastik und bei einigen Grabmälern, tägliche Arbeit der niedergelassenen Meister. »Um beim Ausbessern das ursprüngliche Aussehen zu erreichen, muß ich in der alten Technik arbeiten«, erklärt Steinbildhauermeister Hans-Joachim Hippel. Er ist Woger-Schüler und stellvertretender Obermeister der »Steinmetz- und Bildhauerinnung Mittelrhein«. Seine Werkstatt liegt im südlichen Industriegebiet Mayens. Außerdem, meinte er, werde nur mit den alten Werkzeugen das Steinmetzhandwerk solide erlernt, und erst, wenn man wisse, worauf es ankäme, könne man nach seiner Auffassung das Hilfsmittel Preßlufthammer einsetzen und dann aller-

Bildstock von Burger am Eingang zum Friedhof von Mayen

Knüpfel, Eisenfäustel und Scharriereisen

Steinbildhauermeister Hippel in seiner Werkstatt in Mayen

Hippels Lehrling, Albert Hettinger, beim Schrifthauen

dings erheblich Zeit sparen. Mit Preßluft wird drei- bis viermal so schnell Stein abgetragen. Da ist Sicherheit in Gestaltung gefordert, sonst ist flugs zuviel weggenommen. Hippels Lehrling trägt wie der Meister eine Papiermütze aus Zeitung auf dem Kopf gegen den übermäßig dicken Steinstaub. Er übte sich bei einem Besuch gerade im Schrifthauen in Basalt mit Eisenfäustel und einem Schrifteisen, das besonders fein und noch schmaler als das Beitzeisen ist. Jeder Schlag dröhnte und verspritzte Steinteilchen. Eine Schutzbrille ist bei dieser Arbeit unerläßlich. Die erste Buchstabenreihe geriet dem Lehrling zu oberflächlich, sie hatte daher verwaschene Konturen, keine Tiefenwirkung durch Schatten. Basaltlava fordert wegen der lichtschluckenden Poren tieferes Eindringen in den Stein als bei anderem Material. Die zweite, doppelt so tief eingeschlagene Buchstabenreihe zeigte dann den gewünschten Effekt.

Pfauen in der Werkstatt

Hippel hatte gerade eine Kundenanfrage, ob er für ein Ehepaar »ein Kruzifix alter Art« arbeiten könne, man würde sich dann zu gegebener Zeit wieder melden. So ein Auftrag wäre eine Seltenheit. Arbeit mit Wegekreuzen bedeutet für die Steinbildhauermeister heute vor allem Restaurieren und Ersetzen. Das bestätigte Hippels älterer Kollege Paul Milles, Jahrgang 1926, langjähriger Schüler von Carl Burger. Das letzte Totenkreuz schlug er 1945. In seinem Heimatort Kottenheim stehen mehrere Monumentalplastiken von Milles mit Motiven der Heimatgeschichte, jedem voran natürlich Lavaabbau und Mühlsteinherstellung, die vor 5000 Jahren hier bei Kottenheim ihren Anfang nahmen. Milles' Werkstatt liegt im Industriegebiet Nord von Mayen, im Gebiet der alten Steingruben. Der Flachbau und das Gelände davor wirken wie eine im Aufbau befindliche Ausstellung älterer und neuer Steinmetzarbeiten. Denn außer eigenen Arbeiten, meist Basaltschienen in ihrer naturgegebenen Form mit eingearbeiteten realistischen Reliefszenen, verwahrt Milles auch einige Skulpturen aus dem Nachlaß seines Lehrers Carl Burger, wie den unfertigen »Postillon«. Milles wird die Reiterfigur vollenden. Sie soll vor dem Mayener Postamt aufgestellt werden.

Zu Milles' Sammlung wertvoller Steinarbeiten zählen Grabmäler von Carl Burger und Erich Moog von abgelaufenen Begräbnisstellen und auch alte Grabkreuze, die er erwarb, um sie vor dem Verschwinden zu retten. Auch eine eigene frühe Arbeit aus seinem zweiten Lehrjahr holte er sich zurück, das Grabmal für einen Förster, dem er als Lebensbaum eine Eiche in Stein geschlagen hatte. Das Panorama der Skulpturen, Reliefplatten und Kreuze um die Werkstatt herum bietet religiöse und weltliche Szenen. Sie reichen von Christusdarstellungen bis zum Alltag eines Steinhauers. Die Arbeiten stehen gedrängt, kreuz und quer, wo gerade Platz war, oder die lehnen an der Wand. Zwischen ihnen türmt sich rohes Steinmaterial, sind alte Wassertröge aufgestellt, und an allen Steinkolossen vorbei bahnen sich ein Pfau und sein Weibchen souverän ihren Weg. Auch in der großen Werkstatt fühlen sie sich heimisch, hocken sie unter Werktischen, scheinbar unbeeindruckt vom ohrenbetäubenden Lärm der bohrenden, luftverpestenden Preßlufthämmer. Es sei sehr angenehm, bei der Arbeit diese schönen und farbigen Tiere zu betrachten, sagt Milles. Um ihn herum ist alles Gerät und Material eintönig grau vom dicken Lavastaub, und auf seinem Filzhut hat er sich bereits zu einer festen Schicht verbacken.

»Supersache Lava«

Ehe Milles sich zum Steinmetzmeister hatte ausbilden lassen, war er Steinhauerlehrling in einer Mayener Grube. Dort hatte bereits sein Vater gearbeitet. Stolz auf die Handwerkstradition Generationen zurück ist bei den Steinmetzen zu spüren, aber auch bei den Firmen um Mayen und Mendig. Bei ihnen kommt vor allem schwärmerische Begeisterung für das Material Lava hinzu, das

Paul Milles vor seiner Werkstatt

Monumentalplastik von Paul Milles in Kottenheim

Carl Burgers »Postillon«

Grabmal von Carl Burger mit »Kreuzigung«

Bei der Arbeit auf dem Naturstein-Symposion 1985 in den Mayener Steinbrüchen

unvergleichlich unverwüstlich ist und dessen Abbau eine so lange Geschichte hat. Die Firmen haben einen Förderkreis, »Mayener Naturstein«, mitbegründet, »um die Bedeutung dieses Materials für die Kultur, Landschaft und Geschichte des Mayener Raumes ins Bewußtsein der Öffentlichkeit zu bringen und das künstlerische Schaffen mit Naturstein zu fördern und zu verbreiten«. Zu diesem Zweck fand im Juli und August 1985 zum dritten Mal ein internationles Naturstein-Symposion in den Mayener Steinbrüchen, historischem Grubengelände mit den alten rostigen Kränen, statt. Basaltlavafirmen stellten den Teilnehmern, unter ihnen viele Absolventen der Mayener Steinmetzfachschule, gratis den Stein zur Verfügung. Sie durften ihn sich in den Brüchen selbst aussuchen. Der Österreicher Roland Berger fand das Material, die mächtigen Schienen, eine »Supersache«. Es wäre tödlich, an der Naturform der Schiene nur einen Millimeter zu verändern, urteilte der

Hans-Jürgen Vorsatz

Modernes Steinmetz-Werkzeug

Gerd Sasses »Entfaltung«

Hermann Büchels »Brunnenplastik«

Zur Abwehr des Unheils errichtet

Bildhauer Hans-Jürgen Vorsatz aus Duisburg. Er bemalte den Stein und verkleidete Teile mit Blei. Andere verwandelten das Material zu dekorativen Brunnenplastiken, denen die Sonne zu größter Wirkung verhilft, Licht- und Schatteneffekte wurden berechnet. Am radikalsten verfuhr der Konstruktivist Josef Müller aus Düsseldorf. Er arbeitete aus zwei Schienen zwei exakte Quader mit jeweils halbkreisförmiger Aussparung heraus und setzte die spiegelbildlich gleichen Teile zu einer symmetrischen Komposition zusammen. Pech hatte Erwin Schaab aus Essen. Die von ihm gewählte Schiene, aus der eine riesige Liegende entstehen sollte, hatte offenbar einen Einschluß und zeigte beim Arbeiten beginnende Risse. Um das drohende Unheil, Bersten des Steins, abzuwehren, fertigte der Bildhauer am Abend aus abgesägten herumliegenden Lavastücken ein Kreuz und stellte es vor dem begonnenen Werk auf, als, wie er meinte, in der Eifel erprobtes Schutz- und Abwehrmittel. Doch die zerstörerischen Kräfte hatten sich nicht abschrecken lassen. Am folgenden Morgen fand Erwin Schaab seine halbfertige Liegende zerborsten und mußte noch einmal ganz von vorne beginnen.

Sagen und Verzählches

Kreuzsagen aus der Eifel erhalten ihre Würze aus Spuk, aus gotteslästerlichem Frevel, der sogleich bestraft wird, und aus dem Einwirken übernatürlicher Wundermacht. Dazu ist das Geschehen, wie in anderen Sagen auch, mit pointierter Übertreibung gestaltet. Etwas Besonderes, etwas Interessantes, schauervoll und anziehend zugleich, sollte die Zuhörer in Bann ziehen. Da »quillt lautlos Blut aus den Wunden«, oder der Dorfbrunnen »plätschert fröhlich«. Schrecken und Idylle sind mit triefenden Farben in schablonenartigen Phrasen ausgemalt.
Diese Sagen wollen für wahr genommen werden. Doch sie berichten nicht geschichtliche Wirklichkeit und tatsächliche Errichtungsanlässe – die sind so gut wie immer unbekannt. Aber in ihrem Kern können bestimmte Ereignisse festgehalten sein, Kriege, Wolfsplagen, und manchmal fallen nebenbei Aussagen über Lebensumstände ab, spiegelt sich etwas Alltag. Das ist dann häufiger bei Geschichten um Totenkreuze der Fall.
Beliebte Aufstellungsorte von Kreuzen waren Wegspinnen oder Wegekreuzungen, Orte, an denen sich nach Volksglauben zur Geisterstunde Geister aufhalten. Solche Plätze waren ein gegebener Nährboden für Spukgeschichten um Kreuze. Frevelsagen knüpfen sich manchmal an tatsächliche Beschädigungen am Flurmal. Die Rolle des Frevlers, der voll Hohn und Spott über das Kreuz ist, übernehmen meist fremde Soldaten, und, wie nach einem ungeschriebenen Gesetz, trifft sie jedesmal »die gerechte Strafe Gottes«. Als Kulisse dazu kehren vorrangig der Dreißigjährige Krieg und die Besetzung durch napoleonische Truppen der Eifel wieder. Allein in Kreuze eingemeißelte Jahreszahlen, die in diese Zeitabschnitte fallen, können das auslösende Moment zu den sagenhaften frevlerischen Untaten der Franzosen, Schweden oder auch Russen liefern. Nach einer anderen Gruppe von Geschichten galt das Gelöbnis, ein Kreuz zu errichten, als letzte Rettung aus Lebensgefahr und ließ sogleich die göttliche Wundermacht eingreifen. Auch kursieren Erzählungen von Kreuzen als Dankeszeichen für eine Schicksalswende zum Guten. Schließlich entzündete sich die Phantasie von Erzähllustigen an Hausmarken. Einige erfuhren die schauerlichsten Deutungen.
Ein Teil der Kreuzsagen und Geschichten ist in Dorfchroniken festgehalten, andere werden noch heute vor allem von alten Männern wiedergegeben, sehr viele gingen im Laufe der Jahrzehnte und Jahrhunderte verloren. »Da is die Lechende, daß der Bräutigam seine Braut erschlagen hat«, sagte im Sommer 1985 ein hochbetagter Spaziergänger aus Bell und wies mit seinem Stock in Richtung Wehr. Dort, an der Ausfallstraße, soll früher ein Kreuz gestanden haben, auf dem ein Kranz dargestellt war. Als Brautkranz gedeutet, bildete er den Ursprung der Legende. Bei der »Altenbegegnung« der Niedermendiger St.-Cyriakus-Gemeinde gab Maria Müller-Merkens (geboren 1905), achtzig Jahre alt, »Verzählches« wieder, die sie früher von ihrer Mutter gehört hatte. Darunter fand sich eine Geschichte zum Thürer Hochkreuz auf dem Mendiger Berg bei den Steinbrüchen: ». . . Auch erzählte sie von einem Mann, der sich aufhängen wollte. Er blickte noch einmal über Mendig und sah auf jedem Dach ein Kreuz, aber auf seinem Dach war das kleinste Kreuz. So ging er getröstet wieder heim.« An den Kreuzen, christlichem Sinnbild der Last und Bürde eines jeden, hatte der Mann erkannt, daß seine Sorgen, verglichen mit denen der anderen, noch am kleinsten waren.

Mord, Frevel, Krieg

Ganz nahe dem Thürer Hochkreuz liegen die mächtigen Urteilssteine, die zum Mendiger Hochgericht gehörten. Dort wurde seit

Geschichtenerzähler Hoffmanns Dün (Anton) und seine Bekannten in Niedermendig

Das Hochkreuz von Thür

der Zeit der Pfalzgrafen bis zum Anfang des 18. Jahrhunderts dem Angeklagten der Urteilsspruch verkündet – es ging um Leben oder Tod –, und in geringer Entfernung fand dann am Galgen die Vollstreckung statt. Die Gegend um das Hochkreuz galt daher als unheimlicher, schreckenerregender Ort und ist von Sagen umwoben:
»Eine Frau war zur Kindsmörderin geworden. Seit ihrer Verurteilung geisterte sie in den Thürer Basaltbrüchen, und keiner wagte, zur Nachtzeit unterwegs zu sein. Es ging die Geschichte, daß sie im Nebel aus den Steinbrüchen kam, den Kopf unterm Arm – sie war enthauptet worden – und daß sie jeden Menschen stumm und sein Haar schneeweiß vor Schrecken machte. Zwei Steinmetze kamen von Mayen zurück. Der eine meinte: ›Wären wir nur schon über die Höhe!‹ Kurz vor dem Hochkreuz tauchte im Nebel wirklich eine Gestalt auf einem Schimmel sitzend auf. Der ängstliche Steinmetz wollte die Höhe im Laufschritt passieren. Sein Arbeitskamerad lachte ihn aus und nannte ihn einen Weiberrock. In der Zwischenzeit hatte die Gestalt die Straße erreicht. Die beiden blieben wie angewurzelt stehen. Jetzt erkannten sie auch, daß die Frau ihren Kopf unter dem Arm trug. Vor ihr auf dem Sattel erkannte man auch einen Kindersarg. Mit Grabesstimme fragte die Gestalt: „Wo kann ich den Sarg abstellen?" „Gib ihn mir, und ich sorge für eine Beerdigung", sagte der zweite. Der Sarg war zentnerschwer und plumpste auf die Erde. Eine Grabesstimme sagte: „Hab vielen Dank, du hast mich erlöst." Der Sarg blieb bis zum Morgen stehen und wurde dann kirchlich der Erde übergeben. Seither ist der Geist niemandem mehr erschienen« (E. Ebert).
Einer anderen Sage nach hatten drei napoleonische Soldaten am Thürer Hochkreuz folgendes Erlebnis:
»Drei französische Soldaten kamen angetrunken von der Kirmes in Thür zurück. Auf der Höhe hob sich ein großes Wegekreuz gegen den Himmel ab. Der erste Soldat erinnerte sich, was er in der französischen Revolution gehört hatte: „Gott war tot, regieren tat die Vernunft." Was sollte ein Kreuz am Weg, wenn Gott tot war? Er machte den Vorschlag, Gott auch im Bild hinzurichten. Seine zwei Weggefährten waren von der Absicht ihres Kameraden begeistert. Er legte sein Gewehr an und schoß auf Christus. Die beiden Kumpanen konnten sich eines lauten Gelächters nicht enthalten. Der Schütze torkelte zurück und blieb am Boden liegen. Der zweite lud sein Gewehr und schoß ebenfalls. Auch er torkelte und blieb am Boden liegen. Dem dritten kam das rätselhaft vor. Alle drei waren doch alterfahrene Soldaten und ließen sich vom Rückstoß der Gewehre nicht kleinkriegen. Rätselhaft war es ihm auch, daß die beiden am Boden liegen bleiben. Er beugte sich zu ihnen hinunter und stellte fest, daß sie nicht mehr atmeten. Beim ersten sprudelte Blut aus der Stirne, beim zweiten färbte sich der Uniformrock an der Brust rot. Beide waren tot. Er warf sein Gewehr weg und rannte nach Niedermendig. Er weckte seine Kameraden und erzählte ihnen, was geschehen war. Etliche machten sich sofort auf den Weg zur Höhe. In der Zwischenzeit waren die beiden Schützen kalt und starr geworden. Man nahm ihre Leichen mit und beerdigte sie in Niedermendig. Unser dritter Schütze gab am nächsten Morgen sein Gewehr und Uniform ab, und von dem Rest seines Soldes kaufte er zwei Kreuze, die er als Buße und Bitte um Vergebung auf der Höhe links und rechts des Christuskreuzes aufstellte« (E. Ebert). Eine sehr ähnliche Geschichte gibt es auch zur Kapelle mit der »Blutmadonna« in der Niedermendiger Pellenzstraße.
Die Besetzung durch französische Truppen Ende des 18. Jahrhunderts ist ebenfalls Hintergrund zur Geschichte eines Kreuzes, das die Jahreszahl 1796 trug und »Auf der First« am Fußweg von Kirchwald nach Langenfeld stand. Es ging 1960 verloren und wurde 1972 durch ein neues ersetzt. In der Ortsgeschichte von Gottfried Rausch liest man zu diesem Kreuz folgende Überlieferung:
»Am 7. November 1796, als die Franzosen die ganze linke Rheinseite beherrschten, waren zwei Reiter mit drei Pferden von Mayen nach Langenfeld unterwegs, um den dortigen Söldnern ihren Besatzerlohn zu

bringen. Dort, wo der Weg in den ›Peterswald‹ abzweigt, wurden die Reiter erschossen. Ein auf der anderen Seite des Weges hütender Schäfer, durch die Schüsse aufmerksam geworden, eilte herbei und sah noch, wie beide Reiter den Hang hinunter nach ›Kramburg‹ geschleift wurden. Von da an fehlt von beiden jede Spur. Die drei Pferde trabten weiter und kamen abends in Langenfeld an. Da wurde man aufmerksam und begann mit der Suche nach den Reitern. Der Schäfer hatte zwar die Mörder gesehen, konnte aber zur Person keine Angaben machen. Das von den Reitern mitgeführte Geld ist nie wieder aufgetaucht.
Als Strafe für diesen Mord sollte ein Mann aus Waldesch erschossen werden. Das Los fiel auf einen bejahrten Mann, der aber durch eine späte Heirat eine noch junge Frau und vier unmündige Kinder hatte. Um dieses Übel abzuwenden, versammelten sich die Pfarrangehörigen jeden Abend in der Kirche zum Gebet.
Am Tage der Exekution, die an der Stelle stattfinden sollte, wo die Reiter erschossen worden waren, bat der damalige Pastor Menges das Vollstreckungskommando, ihn anstelle des Familienvaters zu erschießen, da er der Familie den Ernährer erhalten wolle. Seiner Bitte wurde entsprochen. Der sich freiwillig Opfernde wurde in einer Prozession, die er selber anführte, zum Vollstreckungsort geleitet. Als die Prozession die ›Kirchescher First‹ erreicht hatte, sprengten zwei Offiziere, von ›Herchesholz‹ kommend, heran und fragten, was das zu bedeuten habe. Man erklärte ihnen den Sachverhalt, und sie ritten weiter. Kurz darauf jedoch, wahrscheinlich vom Edelmut des Priesters beeindruckt, kehrten sie um und begnadigten ihn. An der Stelle, an der das geschehen ist, errichtete man aus Dankbarkeit dieses Kreuz.«

Lieb und Leid und Grausamkeit

In derselben Gegend, im früheren Waldesch, das jetzt in Kirchwald eingeht, stehen zwei niedrige Kreuze nahe der Hauptstraße im Garten von Familie Alfred Neis, die dort seit Jahrhunderten ansässig ist. Das eine Kreuz trägt die Jahreszahl 1644, in das zweite ist »1646« eingeschrieben und dazu eine Hausmarke. Es ist noch die Zeit des Dreißigjährigen Krieges. Die Überlieferung des Anlasses zur Errichtung der kleinen Kreuze liest sich schon fast wie ein Groschenroman. Joseph Lion hatte sie aufgezeichnet und 1935 im »Nationalblatt«, Mayen, unter der Überschrift »Lieb und Leid aus schwerer Zeit« veröffentlicht:

»Inmitten des kleinen Eifeldörfchens Waldesch, wo im Schatten uralter, mächtiger Kastanienbäume fröhlich der Dorfbrunnen plätschert, stehen zwei kleine unscheinbare Steinkreuze. Eines trägt die Jahreszahl 1644 und das andere die Jahreszahl 1646.
Das Kreuz mit der Jahreszahl 1646 trägt zudem noch die kunstlos eingehauenen Umrisse eines Terzerols, einer alten Handfeuerwaffe, sonst nichts. Nur, daß Mutter Natur die Zeugen einer längst vergangenen Zeit mit grünem Moos umsponnen. Was es aber mit den Kreuzen für eine Bewandtnis hat, sei hier nacherzählt.
Im deutschen Lande wütete der ewige Krieg, wie man dazumal sagte, da sich in unserem Vaterlande Schweden und Hessen, Welsche und Spanier, Kriegsknechte aus aller Herrn Länder schlugen und der deutsche Bauer die Zeche bezahlen mußte. Da ritten an einem Herbstmorgen des Jahres 1644 etliche welsche Reiter ins stille Dorf Waldesch ein. Erschrocken lugten die Bauern aus Luken und Fenstern hervor, denn bislang waren sie wohl infolge der Abgelegenheit des Dorfes ziemlich gnädig davongekommen. Im ansehnlichsten Gehöft, beim Neiße Klaus, sprangen sie von den Gäulen. Dem Bauern, der unter der Haustür stand, machten sie in nicht mißzuverstehender Weise ihre Kontributionsansprüche klar. Wohl oder übel mußte der heranschleppen, was Küche und Keller bot. Kaum glaublich, was da alles in den schier unergründlichen Fouragesäcken der Reiter verschwand. Dann banden sie ihm noch seinen schönen, einzigen Gaul los, um ihn mit fortzuführen. Bleich vor Zorn stand der Bauer dabei und

Die beiden Kreuze von 1644 und 1646 in Waldesch

mußte dies alles ohnmächtig ansehen. Als zum Schluß jedoch einer der Gesellen noch unter rohen Späßen seiner Frau gegenüber zudringlich wurde, ging dem Klaus die Galle über. Er griff zur Axt, und ehe sie sich recht umsahen, lagen ihrer zwei, von wuchtigen Schlägen getroffen, in ihrem Blut. Für sie war der Krieg aus. Die anderen schwangen sich auf ihre Gäule und stoben vom Schrekken gejagt davon. Aber auch dem Bauern war der Schrecken in die Glieder gefahren. Die Männer schalten, die Weiber jammerten. Wußten doch alle, was ihnen jetzt bevorstand. ›Woll uns der Himmel gnädig sein!‹ sprachen sie in Angst vor dem kommenden, durch den Klaus heraufbeschworenen Strafgericht.

In den nun folgenden Tagen gingen die Bewohner des Dorfes kummervoll ihrem Tagewerk nach. Ängstlich hielt man fortgesetzt auf dem ›Steinbüchel‹ Ausschau, ob nicht bald die Welschen mit starker Truppenmacht kämen, ihre Kameraden zu rächen. Insgeheim war jeder dem Neiße Klaus gram, der durch seine unüberlegte Tat gewiß ein Verhängnis und harte Kriegsnot für das Dorf heraufbeschworen, und die ließ nicht lange auf sich warten. Kam doch eines Tages ein im Wald tätiger Köhler atemlos ins Dorf gerannt, mit der Hiobsbotschaft, daß welsche Reiterei in großer Zahl im Anzuge sei.

Wenig danach schon brausten sie wie ein Ungewitter durch die Straßen, daß die Häuser zitterten. In der Dorfmitte hieß der Obrist den Waibel die Trommel rühren, derweil die Soldaten die zu Tode geängstigten, sich verbergenden Bauern aus den Häusern trieben.

Hierauf ließ der Obrist durch einen Dolmetsch unter fürchterlichen Drohungen eine Lektion verlesen, daß sie gekommen seien, den Übeltäter, der sich vermessen, Soldaten Ihro allerchristlichen Majestät des Franzosenkönigs zu malträtieren, wegen seiner Tat zu füsilieren. Ferner das ganze Dorf in

strenge Strafe zu nehmen nach Kriegsrecht und Brauch.
Eine schier endlose Abgabenreihe gelangte dann zur Verlesung, die hinfür von den Ortsbewohnern als Strafkontribution aufzubringen sei. Inzwischen hatte ein Teil der Truppen das Gehöft des Klaus umstellt. Alles wurde durcheinandergeworfen, um den Täter zu fassen. In der Scheune machten sich die Welschen das Suchen leicht, indem sie dieselbe kurzerhand in Brand steckten. Der Klaus aber war schlauer gewesen. Beim Nahen der Truppen hatte er seine Haut rechtzeitig in Sicherheit gebracht und war in die undurchdringlichen Wälder des Nitztales geflohen. Die Soldaten schäumten vor Wut, da sie den Delinquenten nicht fanden. So mußte die arme hilflose Frau mit ihren drei Kindern sich alle möglichen Quälereien von seiten der wilden Soldateska gefallen lassen, die wie die Vandalen in ihrem Besitztum hausten, alles kurz und klein schlugen und alles Eßbare fortschleppten, so daß sie für die Folge bittere Not leiden mußte. In der Annahme, daß es den Bauern zu seinen Lieben zurücktreiben würde, beließ der Obrist eine Wache von drei Mann im Haus, um den Flüchtigen zu fassen. Eines Morgens jedoch fanden sie die Wache gebunden und geknebelt. Der Klaus war in der Nacht dagewesen, hatte die betrunkenen Wächter unschädlich gemacht und sein Weib und seine Kinder mit fortgeführt ins sichere Waldversteck.
Seit zwei Wochen hausten nun schon die Welschen in dem sonst so stillen Waldesch. In den guten Stuben der Bauern hatten die Söldner sich niedergelassen, lebten in Saus und Braus von dem, was die geängstigen Bewohner in Fülle herbeibringen mußten. Außerdem verließen fast jeden Tag schwer beladene Wagen den Ort, die die Früchte ehrlichen Bauernfleißes als Kriegskontribution fortführten ins Heerlager der Franzosen. Dazu wurden die armen Bauern von der wilden Soldateska körperlich mißhandelt und schikaniert, daß es ein Jammer war, beim geringsten Vergehen Spießrutenlauf, Foltern und alle möglichen Quälereien. Da sie dem Weilerbauern die letzte Sterke aus dem Stall holten, bat er inständig, ihm doch seine einzige Habe zu belassen. Als die Räuber ihn in seiner Not verlachten, griff er zur Heugabel, die Söldner zu ihren Bajonetten. Der kalte Mordstahl beendete des Bauern Not und machte seine Kinder zu Waisen.
So verging kein Tag, ohne daß nicht eine neue ›Heldentat‹ der Welschen den armen Bauern neue Bedrängnis gebracht. Es war ein Schrecken ohne Ende. Da die Söldner in herzloser Weise alles für sich beanspruchten, war im Dorf bittere Not eingekehrt. Wo hier und da noch irgendeiner etwas für den Fall der äußersten Not in Reserve hatte, die Spürnasen der Söldner wußten es zu finden, oder sie quälten ihr Opfer so lange, bis es seinen Vorrat verriet. Darüber vergaßen sie aber auch den Neiße Klaus nicht. Zu gerne wären sie seiner habhaft geworden. Eifrig fahndeten sie nach dem Flüchtigen, unternahmen wohl auch ausgedehnte Streifzüge in die umliegenden Wälder. Stets war ihr Suchen ohne Erfolg, der Klaus war und blieb verschwunden.
Die Anführer der Welschen, der Obrist und ein blutjunger Leutnant, hatten sich beim Schultheißen der Herren von Bürresheim, denen die Waldescher dienstbar waren, einquartiert. Der Obrist, ein finsterer Korse, war mit seinem dämonischen, herzlosen Wesen längst der Schrecken der Dörfler geworden. Wie vor der Pest flohen die Bauern, wenn sie den Wütenden in der Nähe wußten. Er war von einem schier teuflischen Haß gegen alles Deutsche besessen. Ohne Rücksicht ritt er, was ihm in den Weg kam, ob Greis oder Kind, in Grund und Boden. Dazu saßen ihm Säbel und Stilett sehr lokker in der Scheide. Mit Peitschenhieben war er freigiebig wie sein König mit Louisdors. Der Leutnant aber war das direkte Gegenteil von seinem Vorgesetzten. Ein blonder, kraftstrotzender Offizier, im Warndt, hart an der Grenze, wo sich die deutsche und welsche Zunge scheiden, zu Hause. Abenteuerlust und jugendlicher Leichtsinn hatten ihn dem rauhen Kriegshandwerk in die Arme getrieben, das ihm längst zuwider geworden war. Er vermied es, soviel wie möglich, die armen Bauern zu schikanieren, denn er hatte Mitleid mit ihrer Not. Oft handelte er sogar den Befehlen seines Vor-

gesetzten direkt zuwider, wenn jener ihn mit einer neuen Drangsalierung der Bauern beauftragt hatte. Schwere Auseinandersetzungen zwischen beiden Offizieren waren jedesmal die Folgen von des Leutnants edler Handlungsweise.

Noch ein weiterer Umstand trug dazu bei, die Kluft zwischen den beiden Offizieren von Tag zu Tag mehr zu vertiefen. Der Grund dazu war des Schultheißen bildschöne Tochter Agnes. Der Oberst, in dessen Adern das heiße Blut des Südländers pulsierte, hatte es sich in den Kopf gesetzt, das schöne Mädchen müsse die Seine werden. Und so gewalttätig und hartherzig der unheimliche Mann den armen Bauern gegenüber, so unterwürfig und kriecherisch, ja fast galant, war er der schönen Agnes gegenüber. Der aber war der Mann, der ihren unglücklichen Dorfgenossen das Blut aus den Adern preßte, sie auf alle erdenkliche Art drangsalierte, in der Seele zuwider. Ängstlich war sie bemüht, die Nähe dieses grausamen Menschen zu meiden. Den Leutnant mit seinem frisch-fröhlichen, aufrechten Wesen mochte sie gut leiden. Es tat ihr in der Seele wohl, wenn er zuweilen freimütig und unerschrocken des Obristen Gewalttätigkeiten tadelte, ohne seine Tücke und Hinterlist zu fürchten. Nur zu bald bemerkte jener auch, daß der junge Offizier sich der Zuneigung der schönen Agnes erfreuen durfte. Da ließ er seinem haßerfüllten Herzen die Zügel schießen, und er sann auf eine Gelegenheit, seinen Nebenbuhler zu vernichten. Die bot sich bald, doch anders als sich der Obrist gedacht. Ihm war eines Tages von einem Verräter hinterbracht worden, wo der Neiße Klaus zu finden sei. Unverzüglich war er mit einigen seiner wildesten Spießgesellen aufgebrochen, den Flüchtigen zu schnappen. Den Mordsspaß wollte er sich nicht entgehen lassen. Der Klaus jedoch hatte ›Lunte‹ gerochen und sich zur rechten Zeit ein anderes Asyl gesucht. Der Obrist fluchte wie ein Muselmann, ließ dem Verräter an Ort und Stelle einen handgerechten Prügellohn auszahlen ob des Mißerfolges und trat dann den Rückzug an. Mißmutig ritt er mit seinen Häschern heimwärts. In seinem Quartier angekommen, kam ihm der alte Schultheiß entgegen. Wutvoll versetzte der Grausame dem ehrwürdigen Greis einen Peitschenhieb ins Gesicht, daß jener blutüberströmt zusammenbrach. Dann vermeinte er aus dem Garten Stimmen zu vernehmen. Von einer ihm unbequemen Ahnung gepeinigt, schlich er sich vorsichtig dorthin und fand seinen Verdacht bestätigt. Unter einem blühenden Holunderstrauch saß sein Untergebener, der junge Offizier, mit der schönen Agnes Arm in Arm. Ein ehrenhafter Mensch hätte sich begeistern können an dem einzigen Bild dieser liebenden jungen Menschenkinder in ihrem Glück. Lachender Sonnenschein lag auf Flur und Au, die Vöglein sangen in den Büschen ein Lied von Liebe und Glück, derweil Agnes ein Kränzlein wand von Lavendel und Rosmarin, ein Bild beglückenden Friedens mitten im Krieg. Doch für all dies hatte der Obrist keinen Blick mehr. An seiner Seele fraß der Neid, wild loderte sein unversöhnlicher Haß in seinem Innern. Es war ihm höchste Befriedigung, mit rauher Faust dieses Idyll, dieses junge Liebesglück zu zerstören, zu zerschmettern für immer. So trat er bleich vor Wut zu den beiden und forderte den Offizier zum Duell. Mit der Waffe in der Faust möge er sein junges Glück sich erkämpfen. Seelenruhig nahm der Leutnant die Aufforderung an, während Agnes, als der Obrist schon längst gegangen, noch kein Wort sprechen konnte vor Schreck. Als die beiden dann auch noch den schrecklich zugerichteten Vater fanden, war bei dem Offizier der Entschluß um so fester geworden, im Zweikampf seinen Mann zu stehen, um seinem Glück den Weg zu ebnen und die armen Bauern, die ihn schon längst dauerten, von einem grausamen Despoten zu befreien.

Tags darauf in der Morgenfrühe standen sich die beiden Gegner am Dorfbrunnen gegenüber. Von Ferne standen die geängstigten Bewohner, um diesem seltenen Schauspiel zuzusehen. Mehr aber noch in der stillen Hoffnung, ihres Peinigers ledig zu werden. Jetzt werden die Waffen schußbereit gemacht. Der Sekundant gibt das Zeichen. Gleichzeitig krachen zwei Schüsse. Der Obrist wirft die Arme in die Luft und

bricht zusammen. Beifälliges Gemurmel läßt sich unter den Zuschauern hören.
Doch – da –, auch der Leutnant schwankt und sinkt vornüber ins taufrische Gras. Inmitten des Volkes ein gequälter Aufschrei, den niemand beachtet. Derweil bemühen sich die Soldaten um ihre Offiziere. Der Obrist ist tot. Mit sicherer Kugel ins Herz getroffen. Der Leutnant lebt, doch auch sein Blut färbt den Rasen rot. Behutsam tragen die Soldaten den Todwunden in sein Quartier. Den Toten begraben die Welschen an der Stelle, wo er sein Lebensende selbst gewünscht. Das war im Jahre 1644. Im Hause des Schultheißen liegt der junge Offizier auf seinem Schmerzenslager. Wie ein Engel der Barmherzigkeit ist Agnes Tag und Nacht um den Geliebten, der in seinen Fieberphantasien immer und immer wieder ihren Namen nennt. Sie darf seine schmerzende Wunde kühlen. Weder Ruhe noch Rast gönnt sie sich, bangt Stunde um Stunde um das Leben dessen, dem ihr Herz gehört. Doch all ihre hingebungsvolle Pflege vermag das entfliehende Leben nicht zu halten. Zwar hofft sie von Tag zu Tage, aber ihre Hoffnung erweist sich als trügerisch. Als ein neuer Frühling ins Land zieht, eben da die ersten Lenzveilchen sprießen, bricht ihr Glück entzwei, haucht der Offizier sein Leben aus. Fassungslos steht da ein junges Menschenkind vor Schmerz. Sie kann weder klagen noch weinen, sondern hadert mit ihrem Geschick, das mit rauher Hand zerstört, was sie zu besitzen wähnte. Nur einmal schrickt sie zusammen, als über dem Soldatengrab die Salven krachen. Des Toten Grabhügel hat sie mit liebender Hand geschmückt. Dann ist sie fortgegangen, des Schultheißen schöne Tochter, mit gebrochenem Herzen in die Welt hinaus. Von Stund an ward sie nie mehr gesehen. Einsam wird sie ihr Leid getragen haben, einsam wird sie gewesen sein in ihrer letzten Stunde. Keiner weiß wo!
Neben dem Obristen haben die Soldaten auch dem jungen Offizier seine letzte Ruhestätte gegeben. Freund und Feind im Tod vereint. Das war im Jahre 1646.
Bald danach sind denn auch die führerlosen Welschen abgezogen. Zuvor aber setzten sie in kriegerischem Übermut dem Neiße Klaus noch den roten Hahn aufs Dach. Aus Rache, daß ihnen der Schlaue entwischte. So fand der Arme bei seiner Heimkehr sein ganzes Anwesen in Schutt und Asche.
Trotzdem waren die Bauern froh, ihrer Peiniger ledig zu sein. Hatten sie vordem gemeinsam ihre Not getragen, so wurde auch gemeinsam der Kriegsschaden ausgemerzt. Ehe ein Jahr vergangen, hatte der Klaus einen weit schöneren Hof stehen, als sein alter gewesen. Seine Nachfahren sitzen heute noch darauf, ein zäh und beständig Geschlecht, und sind stolz auf ihr Besitztum, denn es ward geadelt in schwerer Zeit.«
Von Grausamkeiten der Schweden im Dreißigjährigen Krieg erzählt die Sage über acht Kreuze, die am alten Kirchweg von Drees nach Wanderath stehen und alle die Jahreszahl 1646 tragen:
»Im Dreißigjährigen Krieg plünderten die Schweden Drees und verlangten von den Männern, daß sie ihnen auch das vergrabene Geld gäben. Einige weigerten sich. Daher banden die Schweden sie an Pferdeschwänze und schleiften sie in Richtung Biersbach und Wanderath zu Tode. An die Stelle, wo sie starben, stellten die Überlebenden die Kreuze auf.«
Bis auf eins sind diese »Schwedenkreuze« niedrig, 50 bis 60 Zentimeter hoch und tragen alle acht die sich wiederholdenden Inschriften »ANO 1646 STARB ... VON DREIS«.
Dazu schreibt Pfarrer A. Richter von Wanderath 1984 in seinem »Heftchen« über Flurkreuze seiner Pfarrei: »Wir können daraus schließen, daß im Jahre 1646 das damals kleine Dörfchen Drees von einer furchtbaren Katastrophe heimgesucht wurde, wahrscheinlich wurde ein großer Teil der männlichen Bevölkerung erschlagen. Zum Andenken setzte man die Kreuze an den Kirchweg nach Wanderath; denn bis 1800 gehört Drees zur Pfarrei Wanderath.«

Wölfe

Ebenfalls in dieser Gegend kennt man eine Sage zu sieben Kreuzen, die an der Kohlstraße, wie seit dem Mittelalter eine Höhen-

straße vom Rhein aus über die Eifelkämme heißt, errichtet wurden:
»Einst ging ein Bauer zur harten Winterzeit von Langenfeld nach Adenau auf den Markt. Nachdem er dort seine Geschäfte erledigt hatte, machte er sich am späten Nachmittag auf den Heimweg. Als er die Kohlstraße an der Hohen Acht erreicht hatte, dunkelte es bereits. Da wurde er auf einmal aus seinen Gedanken, die sich ihm auf dem weiten Weg aufdrängten, aufgeschreckt. Hatte er nicht das Heulen von nahen Wölfen vernommen? Ängstlich schritt er weiter. Da sah er plötzlich ein Rudel von sieben Wölfen sich an ihn heranschleichen. In seiner Not wandte er sich mit lauter Stimme an den Allmächtigen: ›Wenn Du mich aus dieser Gefahr befreist und mich zu meinen Lieben zurückführst, so will ich hier an diesem Wege sieben Kreuze errichten.‹ Kaum hatte er dieses Gelöbnis ausgesprochen, da fanden die Wölfe eine andere Spur und folgten dieser. Nun war der Mann gerettet und kam glücklich nach Hause. Am selben Tag begann er noch Steine zu beschlagen, und bald errichtete er an der Kohlstraße die versprochenen Kreuze, die noch heute zu sehen sind« (H. Stötzel).
Bei der Kohlstraße in Siebenbach erzählt man sich zu den »Wolfskreuzen« eine andere Version: »Im Winter ging ein Mann von Langenfeld über die Kohlstraße und wurde am Neideck von einem Wolf angefallen. Siebenmal griff das Tier ihn an, und siebenmal konnte der Mann es abwehren, bis er es schließlich mit einem Messer tötete. Zum Dank errichtete der Mann an den Stellen, wo der Wolf ihn angefallen hatte, jeweils ein Kreuz.«
In den beiden Sagen zu den »Wolfskreuzen« liegt ein wahrer Kern. Die Eifel litt im vorigen Jahrhundert an einer Wolfsplage. »Einen üblen Gast hatte die (französische) Fremdherrschaft in den Eifelwäldern zurückgelassen, der dort vorher nur wenig bekannt war. Die Wölfe waren aus ihren Standorten in den Vogesen und Ardennen durch die Kriegsunruhen bis in die Eifel hinein verdrängt worden und hatten sich dort unter einer lässigen Jägerei der kleinen Grundbesitzer bedrohlich vermehrt. Ihre eifrige Bekämpfung erfolgte nun seit 1814 durch Wolfsgruben und Wolfsgärten, Vergiftung mit Krähenaugen und durch Abschuß. Im ersten Jahre des preußischen Besitzes wurden in den linksrheinischen Staatsforsten bereits 188 Wölfe getötet ... Die Plage hielt noch ziemlich lange an, denn im linksrheinischen Teile von Koblenz ist 1833 die ansehnliche Zahl von 33 Stück und 1838 von noch 14 zur Strecke gebracht worden. Nach den fünfziger Jahren kam das Raubzeug nur vereinzelt in der Eifel vor« (»Aus Geschichte und Kultur der Eifel« von K. L. Kaufmann, 1926).

Raub und Streit

Immer wieder kehren Gelöbnis oder Dank für Hilfe in Geschichten um Kreuze und Schöpflöffel als Errichtungsanlaß wieder. So soll der 1504 datierte Schöpflöffel mit dem erhaben herausgearbeiteten Stifternamen »ADAM KOLF«, der an der Wegspinne bei Eich zum Wernershof und Krayer Hof steht, von einem Ritter namens Adam von Kolf zum Dank für seine Rettung aus Räuberhänden an diesem Ort errichtet worden sein. Von Heiligenhäuschen und Kapellen wird Ähnliches überliefert, zum Beispiel in Bell: »In früheren Zeiten hauste hinter dem Gänsehals in der Deefschell (= Diebeshöhle) eine Räuberbande. Die Räuber spannten eine Schnur, an der eine Glocke befestigt war, über den Weg und wußten so, wenn es läutete, daß Reisende vorüberzogen. Diese wurden dann überfallen und ausgeraubt. Bei einem Überfall war es aber einem Reisenden gelungen zu entfliehen. Er lief auf das Dorf Bell zu und versteckte sich in einem Kornfeld. Die Räuber suchten ihn, aber sie fanden ihn nicht. Aus Dankbarkeit ließ er an dieser Stelle ein Heiligenhäuschen (die Dreifaltigkeitskapelle) errichten.«
Die Dorfchronik vom Kirchesch erwähnt zu einem hohen Flurkreuz von 1683 mit Nische und zwei eingeschriebenen Namen: »Der mündlichen Überlieferung zufolge waren die Genannten Schwäger und Stifter dieses Kreuzes. In der Gemarkung „Auf der Kaul" haben sie gemeinsam einen Hof bewirt-

schaftet. Nach einer Erbauseinandersetzung wurden sie Feinde. Nach jahrelanger Zwietracht wurde diese beigelegt und an der Stelle der Versöhnung dieses Kreuz errichtet.«

Tod im Schnee

Kirchesch gehörte früher zum Bürgermeisteramt St. Johann, die zugehörige Bürgermeisterei lag aber in Bell. Im winterlichen Frühjahr 1849 war ein Mann aus Kirchesch die knappen sechs Kilometer zu Fuß nach Bell gelaufen, um dort ordnungsgemäß die Geburt seines Kindes anzumelden. Nach dem Besuch in der Amtsstube kehrte er dann zur Feier des Tages ins Wirtshaus ein. Der Abend kam, es begann zu dunkeln. Die Warnung des Wirts und seinen Rat, die Nacht in Bell zu verbringen, schlug der junge Vater aus, denn »ihm könne das Wetter nichts anhaben«. Mit einer Stallaterne des Gastgebers trat er dann den Heimweg an. Die Dorfchronik schreibt: »Seinen Heimatort hat er nicht erreicht, als die Schneeschmelze einsetzte, fand man seinen Leichnam.« Nach dieser Geschichte bezeichnet ein niedriges Kreuz in der Flur »Auf dem Steinkaul« die Stelle, an der der Mann erfror. Es nennt die Jahreszahl 1849 und darunter »ERNEUERT 1979«. Das alte war ein Holzkreuz und verwittert. Vielleicht hieß der Tote Peter Becker. Denn im Familienbuch der zugehörigen Pfarrei steht, daß Peter Becker, geboren am 16. 7. 1806, »in der Nacht vom 23. /24. März 1849, 43 Jahre alt, erfroren auf der Steinkaul aufgefunden« wurde.

Nach der Dorfchronik gibt es allein im Kirchwalder Raum noch drei weitere Kreuze für erfrorene Menschen, die sich im Schneesturm verirrt hatten. Schlecht beschaffen waren damals Straßen und Wege der Eifel, dem »rheinischen Sibirien«. Noch im vorigen Jahrhundert wurde sie von Auswärtigen nur mit einem gewissen Frösteln genannt. »Ein Fremder mußte dort die Spur

Nischenstock im »rheinischen Sibirien« bei Waldesch

selbst am hellen Tag gänzlich verfehlen, und auch der Eingesessene setzte im Winter jedesmal sein Leben in Gefahr« (K. L. Kaufmann). In Kreuzgeschichten kommt diese bittere Wahrheit zum Ausdruck.

Die Ratte

Harte Arbeit und nicht ungefährlich war auf dem Land das Mistfahren. Die Dorfchronik nennt ein im Jahr »1700 ZU E. GOTTES« aufgerichtetes Kreuz in der Hauptstraße von Waldesch an dem Platz, an dem ein Bauer mit seinem Fuhrwerk verunglückt sei. Er habe beim Mistfahren so schwer geladen gehabt, daß er in die Speichen greifen mußte, um zu helfen, den Wagen fortzubewegen. Als der Ochse die Last dann nicht mehr habe halten können, sei die Karre umgeschlagen und habe den Bauern so schwer verletzt, daß er wenige Tage später gestorben sei.

Diese Geschichte, die zu dem hohen, zur Ehre Gottes gestifteten Votivkreuz nicht paßt – ein echtes Unglückskreuz wäre niedrig –, spiegelt doch einen Moment alltäglichen Dorflebens. Solche und andere Verkehrsunfälle haben schon immer Anlaß zur Errichtung von Totenkreuzen gegeben, seit Beginn dieser Tradition. Die Überlieferungen dazu sparen nicht an Drastik. So wird zu einem Kreuz in der Niedermendiger Wollstraße berichtet:

»Bauer Alef aus Obermendig, der den ganzen Tag pflügte, hat Feierabend gemacht. Auf dem Heimweg hängt er sich die Lenkleine um den Hals und freut sich schon auf sein Zuhause. Er ist Vater von sieben Kindern. Aus dem Bachlauf neben der Straße huscht eine Wasserratte. Das Pferd scheut, der Bauer torkelt müde vor seinen Pflug, die Pflugschar reißt ihn auf« (E. Ebert). Das Kreuz soll die Unglücksstelle markieren.

An der alten Keller Straße von Brohl nach Kell steht ein Kreuz, das auch einem Verkehrsopfer gesetzt sein soll. Dabei, erzählt man sich, sei dieser Mann wegen seiner eige-

Die Niedermendiger Wollstraße, noch mit Bach

nen Bosheit geworden: »Ja, ja, der hat mit den Dorfbewohnern immer Schabernak getrieben und hat oft um Hilfe gerufen, ohne daß was gewesen wäre. Als dann eines Tages ein Ernstfall eintrat und er mit seinem Fuhrwerk umkippte und um Hilfe schrie, ist dann niemand gekommen.«

Grusel und Grausen

»Es lebten zwei Freunde in Bell. Als der eine von ihnen in die Fremde ging, sagte er beim Abschied: ›Wenn ich vor dir sterbe, dann komm zu dem Kreuz, dann erzähle ich dir dort, wie's im Himmel ist. Es verging eine Zeit. Eines Tages erhielt dann der Freund, der zu Hause geblieben war, die Nachricht vom Tod seines Kameraden. Daraufhin ging er zu dem Kreuz. Nachdem er wieder zu Hause war, legte er sich hin und starb.« Das Kreuz in dieser Geschichte, die ein junger Mann aus Bell über seine Großmutter von seiner Mutter erfahren hat, ist ein prächtiger Schöpflöffel am Gänsehals, man nennt ihn auch »Erbsenlöffel«.
Solche unheimlichen, numinösen, das Übernatürliche berührende Vorgänge im Zusammenhang mit dem Tod eines Menschen kommen in Kreuzgeschichten, die von Ermordung berichten, besonders häufig vor. »Blutkreuze« mahnen an das schreckliche Geschehen. Bei Monreal, erzählt man sich, habe ein Holzkreuz gestanden, weil dort ein Kupferschmied beraubt und erschlagen aufgefunden worden sei. Man habe ihn auf einen Wagen geladen und nach Müsch gefahren. Beim Einrollen in den Ort habe der Tote vor einem bestimmten Haus zu bluten begonnen. Das sah man als Zeichen, daß in diesem Haus der Mörder wohne.
Handfeste Verbrechen wurden als Errichtungsanlaß zweier Kreuze in Niedermendig erzählt (Kirchstraße und Ernteweg), die heute verschwunden sind: »Ein Vater vergeht sich an seiner Tochter. Sie begeht Selbstmord.« Zum zweiten heißt es: »Ein Junge ermordet seine Mutter und wird an der gleichen Stelle erschossen.« An die Erschießung solle die Zielscheibe auf dem Kreuz erinnern. Die Zielscheibe war aber nur eine ganz gewöhnliche Hausmarke, die die Identität der Familie zusätzlich zum Namen auswies. Die »Hausmirks«, wie die Eifeler sagen, hielten die Phantasie der Dorfbewohner seit je gefangen. Dabei gab man sich nicht mit Spekulationen ab, man »wußte«, was es auf sich hatte, zum Beispiel mit dem Kreuz in Wanderath, das als Hausmarke ein Hufeisen, Berufssymbol der Schmiede, trug: »Ein Virneburger Graf war erzürnt über seinen Hufschmied und ließ ihn an einem Pferdeschwanz binden und im Nitztal zu Tode schleifen. An der Stelle, wo der Schmied starb, errichtete man ein Kreuz, das später in die Wanderather Friedhofsmauer eingemauert wurde. Das Hufeisen im Kreuz erinnert an die Untat.«

Der »Erbsenlöffel« auf dem Gänsehals

Fünf »Kreuzfahrten«

Der »Kreuzfahrer« stellt sich vermutlich Routen durch die Eifel nach eigenen Vorstellungen zusammen. Zusätzliche Anregung mag er folgenden fünf Vorschlägen zu Tagestouren entnehmen. Sie führen zu bedeutungsvollen, sehenswerten Kreuzen und Schöpflöffeln an landschaftlich meist besonders reizvollen Plätzen. Auf die entsprechenden erläuternden Beschreibungen in den Kapiteln wird in Klammern hingewiesen. Die Strecken der einzelnen Routen sind, an Kilometern gemessen, nicht so lang. Was sie zu Tagesausflügen macht, ist das Verweilen am Ort. Zum Spaß, ein Kreuz oder einen Schöpflöffel zu suchen, zu finden und zu betrachten, kommt auf der Fahrt das Erlebnis der Landschaft, der Orte, einer Dorfstraße. Ihre Schönheit blieb hier unbeschrieben. Mag jeder Besucher sie für sich neu entdecken!

I

Die erste Tour ist, von den Autobahnab- und -auffahrten (MENDIG/MARIA LAACH/MAYEN) hin und zurück gerechnet, 31 Kilometer lang und beginnt mit einer Fahrt durch die 5000 Jahre alten Mühlsteinbrüche von Mayen. Man erreicht sie von Köln oder Bonn aus über die Autobahn A 61 bis zur Ausfahrt: MENDIG/MARIA LAACH/MAYEN. Weiter dann die Autoschnellstraße Richtung MAYEN. Noch vor Mayen rechts zum INDUSTRIEGEBIET MAYEN NORD/OST abzweigen. Die kleine asphaltierte Landstraße führt dann fast fünf Kilometer durch das uralte Mayener Grubenfeld nach ETTRINGEN (siehe: »Die Mühlsteinbrüche«, Seiten 84–87).

Wo rechts an der Straße ein großer Lindenbaum steht, liegen Gruben, die einen Querschnitt durch alle Abbauphasen vom dritten vorchristlichen Jahrtausend bis heute zeigen. Das Gelände ist nur vornean und mit größter Vorsicht zu betreten.

Gegenüber, also links der Straße, führt ein Weg zu angeschnittenen mittelalterlichen, unterirdischen Gruben.

Die Straße weiter. Links biegt dann der Kottenheimer Weg ab, der nach 200 Metern zu einem Marmorbetrieb und der Werkstatt des Bildhauers Paul Milles führt (siehe: »Volkstümliche Bräuche«, Seite 164).

Weiter die Straße Richtung ETTRINGEN. Rechts kommt die Mülldeponie, gleich dahinter liegt der kleine Mayener Bellerberg. Bevor man auf die Kreuzung MAYEN/ST. JOHANN/ETTRINGEN stößt, hat man rechts freien Blick auf den Ettringer Bellerberg mit seinem markanten Profil. Er ist Kraterwall des Vulkans, der die »Quelle« der berühmten Lava war (siehe: »Die Mühlsteinbrüche«, Seite 87). Küchenschellen überziehen ihn im Vorfrühling violett.

Abbiegen nach rechts. Auf beiden Seiten der Straße von Ettringen breitet sich das »Ettringer Feld« aus. Es ist links Abbaugelände seit den Römern, rechts seit der Neuzeit.

In Ettringen, fast am anderen Ende des Ortes, geht es links ab nach KOTTENHEIM. Vorne rechts im Blickfeld erkennt man wieder den Ettringer Bellerberg.

Die Autostraße durchläuft nun das »Winfeld«, den Lavastrom, der sich nach Norden aus dem Ettringer Bellerberg ergoß. Auf ihm liegen älteste vorgeschichtliche Abbaustellen.

Das folgende Waldgelände rechts ist der Kottenheimer Büden, wie der Ettringer Bellerberg Teil ein und desselben Kraterwalls (siehe: »Die Mühlsteinbrüche«, Seite 87).

Weiterfahren bis zur Ampel, unter der Bahn hindurch, links halten und in die Ortsmitte von Kottenheim steuern.

Bei der Kirche findet man die Monumentalplastik von Paul Milles mit illustrierter Heimatgeschichte und am Ende der Thürer Straße, bereits hinter den letzten Häusern des Dorfes am Feldrand, das Hagelkreuz von Kottenheim mit der Jahreszahl 1582 (siehe: »Votivkreuze«, Seite 52). Die neu eingearbeitete Relieffigur des Heiligen in der Nische verletzt den Denkmalschutz. Denn die Nische am Wegemal war von Anfang an immer nur christologischen Symbo-

Kottenheimer Kreuz im Spiegel

Kopie des Golokreuzes an der B 256

Kelchengelkreuz von 1661 in der Mauer der Fraukirch

len, dem Kreuz, Christus oder der Pietà vorbehalten. – Die Thürer Straße führt, wie der Name sagt, nach Thür. Dort steht neben der Kirche das Frankenkreuz (siehe: »Rätsel, Frevel, Mord . . .«, Seite 22).
Zum Thürer Hochkreuz auf dem Thürer Berg geht es dann weiter in Richtung Norden die Straße nach MENDIG. Nach halber Strecke liegt das Hochkreuz auf der Höhe an einer Wegegabelung (siehe: »Gestalt und Vorbild«, Seite 134, und »Sagen und Verzählches«, Seiten 170, 171).
Zurück nach Thür. Von dort zur B 256 und Richtung ANDERNACH fahren. Schon nach kurzer Stecke steht rechts, beim Abzweig eines Feldweges, das Unfallkreuz für PETER LUXEM von 1945, das manchmal in Brennnesseln und hohem Gras unterzugehen droht (siehe: »Rätsel, Frevel, Mord . . .«, Seiten 28, 29).
Nur ein kurzes Stück weiter liegt links von der Straße, mit Akazien bewachsen die alte Kultstelle mit dem Golokreuz von 1472, heute eine Kopie (siehe: »Schöpflöffel . . .«, Seiten 73–76).
Gegenüber dem Golokreuz geht von der B 256 der alte Mendiger Pilgerweg ab, die kleine Asphaltstraße über Reginarisbrunnen nach Fraukirch (siehe: »Geburtsort einer Legende: Fraukirch«, Seiten 142, 143). Ein herrliches Ziel für einen Sommerausflug! Kelchengelkreuze stehen dort um die Kirche herum und in Holunderbüschen nahebei.
Den Schlüssel für die Kirche erhält man von Frau Sesterhenn im Fraukircher Hof. Sehenswürdigkeiten im Kircheninneren sind: Altar, Sakramentshäuschen, Gnadenbilder, Hochgrab eines Ritterehepaares und seit dem 9. 9. 1985 das restaurierte orginale Golokreuz (siehe: »Geburtsort einer Legende: Fraukirch«, Seiten 144–148).
Nach einem Spaziergang zum nahen Kapellchen, einer gemauerten »siebten Station«, und zu dem Kreuz von »1640 PIETER WILER«, das in Richtung Süden aus den Feldern hochragt, ist es Zeit, unter den Kastanien des Fraukircher Hofes auszuruhen (siehe: »Geburtsort einer Legende: Fraukirch«, Seite 148).
Zurück nach Hause kann man über die B 256 Richtung ANDERNACH über NIEDERMENDIG zur Autobahnauffahrt der A 61: KÖLN/BONN, oder, was etwas weiter ist, auf

Kapelle und Schöpflöffel am Bahner Hof

der B 256 bleiben und dem Autobahnschild bis zur Auffahrt in Kruft folgen.

II

In Kruft beginnt die zweite Tagestour, 46 Kilometer lang (von der A 61 bei Kruft bis zur B 9 bei Andernach). Kruft hat direkten Anschluß an die Autobahn A 61. An seiner Hauptstraße, der B 256, steht gegen Ende des Ortes, links beim Abzweig der GROSSEN GASSE ein besonders schönes Kruzifix mit Kelchengeln und Assistenzfiguren von 1757.

Von dort nach ungefähr 50 Metern von der B 256 links in den WELLINGERWEG abbiegen. Gleich von der Ecke an säumen ihn rechts »Sieben Stationen« von 1954, die an der Kapelle von 1801 enden (siehe: »Gestalt und Vorbild«, Seiten 133, 134).

Weiter durch die Felder, dabei links halten. An der kleinen Brücke über den Bahnerbach, dann rechts zum Bahner Hof fahren. Er ist weithin sichtbar, mit hohen Bäumen umstellt und doppelten Wassergräben befestigt. Im Verzeichnis der »Kunstdenkmäler der Rheinprovinz« wird die Errichtung des

Das Ketzerkreuz in Niedermendig heute

Hofes in der zweiten Hälfte des 13. Jahrhunderts am Platz einer bereits vormittelalterlichen Anlage für möglich gehalten. Spätere Bauzeiten schlossen sich an, Baumaterial waren Tuffquader und Bruchstein. Nach Aussage des heutigen Besitzers ist der Bahner Hof ursprünglich eine Wasserburg gewesen und hat als Wintersitz des Freiherrn von Bahnen gedient. Der Eingang führte seinerzeit über eine Zugbrücke, und unliebsamen Gästen wurden Steinkugeln entgegengeschleudert. Einige kamen vor kurzem bei Bauarbeiten auf dem Gebäude wieder zum Vorschein. Der Bahner Hof befand sich einstmals im Besitz der Prämonstratenserabtei Rommersdorf, ehe er später über Tausch an das Kloster Maria Laach kam. Als Lehnsmänner und dann Erbpächter des Grundherrn von Maria Laach war seit 1500 die Familie des heutigen Besitzers und Landwirts auf dem Hof ansässig. Bei der Säkularisierung übernahm sie ihn dann (siehe: »Votivkreuze«, Seite 56). Vorfahren mütterlicherseits stifteten 1703 das Votivkreuz an der Einfahrt zum Hof. 1912 wurde es erneuert.

Haus Fallerstraße 28 vor der jüngsten Renovierung

Am Ende der Zufahrt wächst rechts eine auffallend prachtvolle, mächtige Linde. Sie beschirmt seit Jahrhunderten einen gewaltigen Schöpflöffel und streift mit ihren Ästen noch eine Kapelle von 1542, ihr üppiges Blätterdach macht das Licht hier schummrig. Die alte Kultstelle zieht den Besucher in ihren Bann.

An Urwüchsigkeit und kraftvoller Wirkung nehmen sich Lindenbaum und der im Mühlstein steckende »Löffel«, wie der Bauer das spätmittelalterliche Sakramentsmal nennt, wenig. Das rostige Gerät, Eggen, Pflüge und Gerümpel daneben wirken hier unerheblich, nebensächlich. Grobe Spuren der Doppelspitz überziehen den Schöpflöffel. Nirgendwo ein eingeschriebenes Zeichen oder Buchstabe. Er war mit seiner übergroßen, asymmetrisch ausladenden Nische allein auf seinen religiösen Zweck hin zugeschlagen worden (siehe: »Schöpflöffel«, Seite 64).

Die Kapelle, der „Schmerzhaften Muttergottes" geweiht, soll die Stelle einer bedeutend älteren Vorgängerin einnehmen.

Zurück zur B 256. Links Richtung MAYEN einbiegen und nach NIEDERMENDIG fahren. Dort zur Pellenzstraße, die auch nach OBERMENDIG führt. Bei der Kapelle der Blutmadonna steht dann ein Prozessionskreuz von 1697, das seit 1985 als Segensstation in die Fronleichnamsprozession einbezogen wird (siehe: »Vorbild und Gestalt«, Seite 112).

In der Thürer Straße findet man das »Ketzerkreuz« (siehe: »Votivkreuze«, Seite 54) und einen stämmigen Schöpflöffel daneben. Weiterfahrt nach OBERMENDIG und zur Kirche St. Genovefa in der Fallerstraße. Aussicht über Land bis zum Maifeld. Um die Kirche herum ist eine Sammlung von Basaltlavakreuzen gruppiert, darunter das »Kümmerniskreuz« von 1670 (siehe: »Volkstümliche Bräuche«, Seite 156).

Vor dem Eingang von St. Genovefa steht das Fragment des ersten Beligenmals (1461). Das zweite und einzig vollständig erhaltene Beligenmal, das Genovefa-Kreuz von 1462, befindet sich in einem Seiten-

Unterer Teil des Krufter Kruzifixes von 1757

schiff im Kircheninneren (siehe: »Schöpflöffel«, Seiten 66–71).

Das Beligenmal von »ANNO DOMINI« 1473 »IN DEM MEIE« steckt eingemauert in der Front des kleinen Hauses Fallerstraße 28, nicht weit von der Kirche.

Weiterfahrt nach BELL, nordwestlich von Obermendig gelegen. Die Richtung der Einfallstraße beibehalten. Als Gänsehalsstraße führt sie aus dem Ort hinaus in die Flur, schließlich zum bewaldeten Gänsehals. Schon etwa 500 Meter nach den letzten Häusern liegt an dieser Straße eine kleine Anlage mit Kelchengelkreuz und einem Schöpflöffel aus Tuff, den 1848 zwei »AMERIKAFAHRER« gestiftet haben. Hier endet die Hagelprozession von Bell (siehe: »Einführung«, Seite 13).

Weiter den Weg zum Gänsehals, 1,8 Kilometer – zu Fuß oder mit dem Auto – bis zum Waldparkplatz »Gänsehals«. Links von der asphaltierten Gipfelstraße, die einen Blick auf den Laacher See bietet, geht ein schwarzer Schotterweg ab. Der führt nach fünf Minuten durch den Wald an eine Wegkreuzung mit dem schlichten Kreuz der

Wo die Beller Hagelprozession endet

FRONERTS, errichtet den »ARMEN SEHLEN ZUM DROST« (siehe: »Votivkreuze«, Seite 36).

Zurück zum Parkplatz. In seiner nahen Umgebung, ein Stück die Gipfelstraße hoch, steht bei einer Bank der »Erbsenlöffel« (siehe: »Sagen und Verzählches«, Seite 182).

Zurück nach Bell und Richtung WEHR auf die Wehrer Straße. Kurz vor Verlassen des Ortes, Wehrer Straße Ecke Seeblickstraße, kann man den Bildstock von 1631 ansehen (siehe: »Votivkreuze«, Seite 36).

Am Verkehrsdreieck anschließend Richtung MARIA LAACH fahren und weiter am Westufer des Laacher Sees entlang. Der Straße dann nach Osten bis NICKENICH folgen. Von dort geht es nach ANDERNACH, 6 km. Bereits nach drei Kilometern nach links Richtung EICH und ANDERNACH abbiegen. Schon nach 400 Metern kommt dann auf der linken Straßenseite der Schöpflöffel von 1590: »NIET BIEDT AIN DIESEN STEIN ...« (siehe: »Votivkreuze«, Seite 50).

Schräg gegenüber, auf der anderen Straßenseite, geht ein befestigter Feldweg ab und leitet zum Burgerhaus.

Das Burgerhaus ist ein etwa 150 Jahre altes Bauerngehöft, mitten in Feldern einsam gelegen. Doch war dieser bemerkenswerte Sitz, an dem die Gemarkungsgrenzen von Andernach, Plaidt, Miesenheim und Nickenich zusammenlaufen und von dem aus das Neuwieder Becken zu überblicken ist, schon viel früher besiedelt. Man hat hier Funde aus spätrömischer Zeit gemacht. Sie gehören vermutlich zu einer kleinen befestigten Anlage, einem »burgus«, der an strategisch wichtigen Plätzen von Römern errichtet wurde. Vieleicht ist der Name Burgerhaus mündliche Überlieferung eines spätrömischen »burgus« an dieser Stelle.

Schöpflöffel von 1590 an der Straße zwischen Nickenich und Eich. Die Inschrift ist ein Reflex auf die reformatorische Glaubensbewegung.

Eine Sehenswürdigkeit am Burgerhaus sind die »Räst«, eine für Kopflasten und eine zum Niedersitzen am Boden (siehe: »Votivkreuze«, Seiten 38–40). Nahe am Haus stehen noch das Fragment eines Kelchengelkreuzes und ein Wegweiser aus Basaltlava. Das Burgerhaus unterhält Ausschank.
Zurück zur Landstraße und nach ANDERNACH. Parallel zur B 9 verläuft die kilometerlange Rheinpromenade. Wo sie endet, steht der eindrucksvolle »Alte Kranen« von 1554. In den Sommermonaten ist er zur Besichtigung des Tretwerks geöffnet (siehe: »Die Mühlsteinbrüche«, Seiten 96, 97). Von dort aus auf die B 9 Richtung Bonn.

Am Burgerhaus

III

Erste Station der dritten Tagestour, deren Strecke 48 Kilometer mißt (von der B 9 bei Brohl bis zur A 61 bei Niederzissen), soll

Stahlstich des »Alten Kranen« vom Anfang des 19. Jahrhunderts (Andernacher Stadtmuseum). Hierhin wurden die Mühlsteine mit Pferdefuhrwerken angekarrt, um dann auf Schiffe verladen zu werden.

Kell sein. Es ist zu erreichen über die B 9 bis nach Brohl. Dort links abbiegen auf die B 412 und Richtung BURGBROHL fahren. Noch vor BURGBROHL links Richtung MARIA LAACH und KELL (2 km) abbiegen und gleich darauf noch einmal nach KELL (1 km). Die Serpentinenstraße führt hoch zum Ort, an dessen Eingang gleich links die Kirche liegt, und rechts geht es nach NICKENICH, MARIA LAACH.

In der Grünanlage vor der Kirche steht das von »IACOB PLASWEILER« gestiftete Kreuz mit der Inschrift: »BIS AN DAS ENT DER WELT...« (siehe: »Votivkreuze«, Seiten 41, 42).

Freistehende und eingemauerte Basaltlavakreuze befinden sich auf dem Gelände um die Kirche.

Anschließend die Straße Richtung NICKENICH fahren und schon nach etwa 100 Metern im Ort links in die Pöntertalstraße (weißes Schild: ANDERNACH, EICH) einbiegen. An ihrem Ende steht links im Garten der Grundschule in einem mächtigen Mühlstein der frühe Typ eines Schöpflöffels mit bekrönendem Kreuz (siehe: »Schöpflöffel«, Seite 80). Die Straße in derselben Richtung – EICH 5 km – über Land fortsetzen. Sie schwenkt nach Süden, nach Norden und wieder nach Süden, biegt im Jakobstal rechtwinklig nach rechts und stößt schließlich auf die Wegekreuzung: EICH/WASSENACH/KELL/VORNICH/NICKENICH bei einem kleinen Mennoniten-Friedhof. Dort anhalten. Dieser Standort bietet zur einen Seite Sicht auf den nahen Nastberg, dann über den Rhein bis zum fernen Westerwald.

In entgegengesetzter Richtung kann man Berghöhen der Eifel überschauen.

Von der Wegspinne führt ein Hohlweg zum Wernershof. Vornean auf seiner kleinen Anhöhe wurde der 1504 datierte Schöpflöffel des »ADAM KOLF« errichtet (siehe: »Gestalt und Vorbild«, Seite 107, und »Sagen und Verzählches«, Seite 179).

Zurück über Kell zur B 412 und über BURGBROHL nach NIEDERZISSEN. In seiner Hauptstraße, Brohltalstraße, steht rechts vor einer Kreuzung das schöne Kelchengelkreuz von 1661 (siehe: »Gestalt und Vorbild«, Seite 127).

Auf der Brohltalstraße bleiben und nach OBERZISSEN. Im Ort dem Schild nach HAIN, am Fuß von Burg Olbrück, folgen. Die Straße steigt an. Schon von weitem sieht man rechts vor dem Dorf den sehr auffallenden Schöpflöffel von 1616 oder 1600, dessen Mühlstein von Flechten vollständig überzogen ist (siehe: »Votivkreuze«, Seiten 48–50).

Zurück nach Oberzissen und links auf die Brohltalstraße, die B 412, bis NIEDERDÜRENBACH fahren. An der Hauptstraße des Ortes, immer noch die B 412, Ecke Ernteweg, steht rechts das Nischenmal von 1699 (siehe: »Votivkreuze«, Seiten 45, 46). Weiter die B 412 bis nach HANNEBACH (ungefähr 5 km). Am Eingang des Dörfchens gleich links in die »Dorfstraße« einbiegen und vorbei an der Telefonzelle, vorüber an einem Schöpflöffel. Dann hebt sich rechts vor der weißen Wand eines kleinen Bauernhauses das schöne Prozessionskreuz von 1765 ab (siehe: »Vorbild und Gestalt«, Seite 112).

Schöpflöffel vor Hain

Zurück auf die B 412 über NIEDERDÜRENBACH, OBERZISSEN, NIEDERZISSEN. Dort auf die Autobahn A 61.

IV

Ein Besuch auf der Mayener Genovefa-Burg steht auf dem Programm des vierten Tagesausfluges, der insgesamt 53 Kilometer weit ist (von der A 61 bei MENDIG an und wieder dorthin zurück).
Von der Autobahn A 61 Abfahrt MENDIG/MARIA LAACH/MAYEN nehmen und die Autoschnellstraße nach MAYEN fahren. Die Einfallstraße, Koblenzer Straße, streift, wo sie Einbahnstraße wird, den St.-Veit-Park. Dort, bei der St.-Veit-Kapelle, lag bis zu seiner Verlegung 1785 der alte Friedhof der Stadt. Für die Stelle, auf der ehemals nur Kinder begraben waren, entwarf der Bildhauer Professor Carl Burger vor dem Zweiten Weltkrieg den »Märchenhort«, Figuren aus bekannten Märchen. Sie stehen heute im Park verteilt, unübersehbar sind die »Sieben Schwaben«. Auch die »Sieben Fußfälle«, von denen zwei verschollen sind, stammen von Burger. Sie führen zur St.-Veit-Kapelle und sind Ersatz für bedeutend ältere. Typisch für Burger ist an ihnen die bunte Bemalung der Reliefs in mittelalterlicher Tradition (siehe: »Gestalt und Vorbild«, Seiten 132, 133). Die St.-Veit-Kirche wurde 1953 gebaut.
Der Koblenzer Straße und ihrer Verlängerung, dem Habsburgring, folgen, bis sich links die Burg zeigt. Sie beherbergt das Eifeler Landschaftsmuseum.
Die Sammlungen geben einen umfassenden Überblick über Abbau und Produktion der 5000 Jahre alten Mühlsteinbrüche. Deren Entwicklung ist mit reichem Anschauungsmaterial von den frühesten Werkzeugen an über römische Votiv- und Grabsteine bis zu Basaltlavakreuzen dokumentiert. Schon draußen vor dem Gebäude werden Mühlsteine und eine alte Grunbenwinde präsentiert.
Genovefa, der sagenhaften Pfalzgräfin, ist ein eigenes Turmzimmer eingeräumt (siehe: »Geburtsort einer Legende: Fraukirch«, Seiten 139, 140).
Zurück auf den Habsburgring. Rechts in die Straße Wittbende einbiegen und den Schildern WEIBERN, SCHLOSS BÜRRESHEIM folgen. Bei Schloß Bürresheim links abbiegen und durch den Bergwald hoch nach Kirchesch fahren. Bei der Durchfahrt durch den langgezogenen Ort links bei der Schulstraße auf das Kelchengelkreuz von 1664 achten (siehe: »Votivkreuze«, Seite 34).
Weiter dieselbe Richtung, etwa sechs Kilometer über Land. Gleich nach Kirchesch sieht man rechts, gegenüber einer kleinen Kapelle, das Ersatzkreuz für das eben im Ort besichtigte.
Noch vor LANGENFELD macht links ein kleines weißes Schild, ST. JOST, auf die Wallfahrtskapelle im Nitztal aufmerksam. Eine schmale Asphaltstraße für Autos führt durch den Wald tief hinunter dorthin. Zu Fuß dauert die Strecke etwa eine Stunde (siehe: »Volkstümliche Bräuche und Traditionen«, Seite 155).
Nahe bei der Wallfahrtskapelle steht ein Wirtshaus. Überquert man die Wiese hinter der Kapelle und geht Richtung Süden in den Wald den steilansteigenden Weg, dann trifft man links auf den Bildstock von 1645, an dem Kreuzchen niedergelegt werden (siehe: »Volkstümliche Bräuche und Traditionen«, Seite 151).
Zurück über KIRCHESCH, SCHLOSS BÜRRESHEIM, MAYEN zur Autobahn A 61.

V

Der fünfte Tagesausflug führt bis in die Südeifel, an die luxemburgische Grenze. Ziele sind das berühmte, 3,10 Meter hohe Kirchhofskreuz im sehr sehenswerten Trier-Pfalzel (siehe: »Gestalt und Vorbild«, Seite 116) und das Fraubillenkreuz im Deutsch-Luxemburgischen Naturpark (siehe: »Rätsel, Frevel, Mord ...«, Seiten 27, 28). Die einfache Strecke mißt vom Autobahnkreuz Meckenheim an gerechnet 204 Kilometer. Der Ausflug ist an einem Tag zu schaffen, natürlich könnte man im Feriengebiet Südeifel viele Übernachtungsmöglichkeiten nutzen.
Von Köln und Bonn fährt man die A 61 Richtung KOBLENZ, wechselt dann auf die

Die Kapelle St. Jost, zu der seit Jahrhunderten Tausende von Pilgern kommen: »Heiliger Jodokus, zu Dir kommen wir, Deine Hilfe erflehen wir.«

A 48 Richtung TRIER und verläßt diese Autobahn an der Ausfahrt: TRIER-EHRANG. Schilder weisen dann sogleich den Weg nach TRIER-PFALZEL. Im Ort führen die Pfeiler »Klosterschenke« (eine empfehlenswerte Adresse) auch zum »Kirchplatz«, der rechter Hand liegt. Hier steht die Kopie des Kirchhofskreuzes mit Kelchengeln. Das Original ist in der Nikolaus-Kapelle hinter der Stiftskirche zu sehen.

Auf der Fahrt durch den Ort zum Kirchplatz kann man spüren, daß Pfalzel mit seinen guterhaltenen spätmittelalterlichen und barocken Häusern eine lange und nicht unbedeutende Vergangenheit hat. Die eigentliche Attraktion, das »Palatiolum« (= kleine Pfalz), das Pfalzel seinen Namen gab, bauten die Römer um die Mitte des vierten Jahrhunderts. Diese großzügige, weiträumige, rechteckige ehemalige Palastanlage an der Mosel, deren bis zu elf Meter hohe Mauerreste und Fensterbögen hier und da zwischen Häusern noch imponieren und von der man 1936 einen Mosaikfußboden freilegte, wurde im Mittelalter zu einer Stiftskirche und zu einer erzbischöflichen Burg verwertet. Die Burg, im 12. Jahrhundert vom Trierer Erbischof Albero errichtet, ließ Markgraf Albrecht von Brandenburg bei seinem Feldzug gegen Erzbischof Johann IV. von Trier 1552 niederbrennen. Endgültig wurde sie von den Franzosen 1673/74 zerstört. Ihre stattlichen Reste sind dann in Hausbauten aufgegangen. Nicht nur Erzbischof Albero, auch seine Nachfolger im 14. und 15. Jahrhundert hatten die Burg zeitweilig als Residenz bewohnt.

Schon viel früher, bereits um 700, wurde der Ostecke des Palatiolums mit seinen noch hochragenden Mauern eine Stiftskirche aufgesetzt. Denn die heilige Adela hatte hier ein Benediktinerinnenkloster gegründet. Den Besitz dieses ehemaligen Königsgutes hatte sie durch Tausch erhalten. Als erste

Äbtissin des Konvents empfing Adela hier in Pfalzel im Spätherbst 718 den Besuch des Bonifatius, der sich auf einer Reise von Friesland nach Rom befand. Unter Erzbischof Poppo (1016–1047) wurde das Jungfrauenstift in ein Chorherrenstift umgewandelt, das bis zur Säkularisation (1802) bestand. Die Stiftskirche ließen die Franzosen in diesem Jahr schließen und versteigern. Sie wurde dann als Lagerraum und der sich anschließende Kreuzgang als Viehstall verwendet. 1927 ging die Kirche wieder in den Besitz einer Pfarrgemeinde über. Stiftsgebäude, Hauskapelle und Kreuzgang, die seinerzeit unter Erzbischof Richard von Greiffenklau (1511–1531) an die Stiftskirche angebaut worden waren, wurden nun, 1925, von Heinrich Mendgen erworben und zur »Klosterschenke« umgebaut, einer Gaststätte mit Hotelbetrieb. Bereits der Vorbesitzer hatte dort im vorigen Jahrhundert eine Wirtschaft unterhalten. Die historischen Räumlichkeiten blieben nach dem Umbau gut erhalten und sind zugänglich. Durch einen Kreuzgangflügel, in dessen spätgotische Arkaden Türen und Fenster eingebaut sind, betritt man das Restaurant. Die heutige Wirtin, Inge Lentes-Mendgen, ist Enkelin des ersten Besitzers der »Klosterschenke«.
Zu der äußerlich sehr einfachen Stiftskirche, die im Laufe der Jahrhunderte etliche Um- und Anbauten erfuhr, gibt es in Pfalzel noch die katholische Pfarrkirche, die, so wie sie heute dasteht, 1773 bis 1778 nach den Plänen des Archtiekten Le Blanc errichtet wurde. Sie ersetzte eine 1330 schriftlich erwähnte Kirche in der Nähe, die eingestürzt und der Gemeinde sowieso zu klein geworden war. Bei einem Spaziergang durch den Ort, der heute zu Trier gehört, fallen der alte Zollturm am Spielesplatz auf und das stattliche ehemalige kurtrierische Amtshaus, eine dreiflügelige Anlage des 16. Jahrhunderts in der Residenzstraße Ecke Golostraße. Um die Mitte des 16. Jahrhunderts wurde die Befestigung des gesamten Stiftsgeländes mit der direkt anschließenden Burg verstärkt durch eine Wallmauer mit Bastionen und Kasematten. Der vorgelagerte Ort erhielt eine schwächere Umwehrung.

Das Fraubillenkreuz bei Ferschweiler im Deutsch-Luxemburgischen Naturpark

Auch diese Befestigungsbaukunst, in großem Umfang erhalten, macht Pfalzel heute noch so eindrucksvoll.
Wegbeschreibung von Trier-Pfalzel nach FERSCHWEILER: zurück nach EHRANG und die B 52 Richtung BITBURG. Dann auf die B 51 Richtung BITBURG und beim Kloster HELENEBERG links nach IRREL abbiegen. In Irrel Schildern nach FERSCHWEILER folgen. In Ferschweiler von der Hauptstraße dann rechts in die Hochstraße einbiegen. Sie führt schließlich hinaus ins Land. Dort beim zweiten Abzweig nach links dem Wegweiser Fraubillenkreuz, Wanderweg 7, folgen. Er führt an Schonungen vorbei und schließlich in den Wald. Nach etwa einem Kilometer findet man an einer Wegekreuzung rechts den mächtigen Kultstein mit eingeschlagenem Kreuz und Nischen.
Die Fahrt zurück nach Bonn oder Köln kann über die Landstraße, die B 257 (über Bitburg, Daun, Adenau, Altenahr), reizvoll sein.

Literatur

Aubin, Hermann, Das rheinische Wirtschaftsleben, aus dem Sammelwerk Geschichte des Rheinlandes von der ältesten Zeit bis zur Gegenwart, Band 2, Essen 1922

Browe, Peter, Die eucharistischen Flurprozessionen und Wettersegen, in: Theologie und Glaube, Jahrgang 21, Paderborn 1929

Browe, Peter, Die Entstehung der Sakramentsprozessionen, in: Bonner Zeitschrift für Theologie und Seelsorge, Jahrgang 8, Düsseldorf 1931

Cox, Heinrich Leonhard, Prozessionsbrauchtum des späten Mittelalters und der frühen Neuzeit im Spiegel obrigkeitlicher Verordnungen in Kurköln und den vereinigten Herzogtümern, in: Rheinisch-Westfälische Zeitschrift für Volkskunde, 22 1976

Eifelführer, Düren 1979/80

Freckmann, Klaus, und Heinz Bölling, Alte Grabkreuze im Siebengebirge und an der unteren Sieg, Köln 1983

Hegel, Eduard, Geschichte des Erzbistums Köln, Vierter Band: Das Erzbistum Köln zwischen Barock und Aufklärung, Köln 1979

Hörter, Fridolin, Michels, Franz-Xaver, und Josef Röder, Die Geschichte der Basaltlavaindustrie von Mayen und Niedermendig. Teil I: Vor- und Frühgeschichte, Teil II: Mittelalter und Neuzeit, in: Jahrbuch für Geschichte und Kultur des Mittelrheins, Neuwied 1951 und 1955

Kaufmann, K.L., Aus Kultur und Geschichte der Eifel, Köln 1926

Die Kunstdenkmäler der Rheinprovinz, Landkreis Trier

Kyll, Nikolaus, und Josef Röder, Die Fraukirch in der Pellenz im Rheinlande und die Genovefalegende, in: Rheinisches Jahrbuch für Volkskunde, 2. Jahrgang, Bonn 1951

Lehfeldt, Paul, Die Bau- und Kunstdenkmäler des Regierungsbezirks Coblenz, Düsseldorf 1886

Lexikon für Theologie und Kirche, Freiburg 1964

Meyer, Georg Jakob, Wegekreuze und Bildstöcke im Kreis Mayen, Trier 1964

Meyer, Georg Jakob, und Klaus Freckmann, Wegekreuze und Bildstöcke in der Eifel, an der Mosel und im Hunsrück, in: Rheinisch-Westfälische Zeitschrift für Volkskunde 23, 1977, und 25, 1979/80, und 28, 1983

Müller-Veltin, Kurt, Mittelrheinische Steinkreuze aus Basaltlava, Neuss 1980. Jahrbuch des Rheinischen Vereins für Denkmalpflege und Landschaftsschutz 1976/77

Pauly, Ferdinand, Aus der Geschichte des Bistums Trier. Von der spätrömischen Zeit bis zum 12. Jahrhundert, Trier 1968

Pfister, Friedrich, Der Volksglaube, in: Die deutsche Volkskunde, Band 1, Leipzig 1934

Rausch, Gottfried, Eine Ortsgeschichte Kirchesch/Waldesch-Kirchwald, Aachen o.J. 1980

Richter, A., Flurkreuze und Heiligenhäuschen zwischen Blumerath und Hoher Acht, Mayen 1984

Röder, Josef, Die Mühlsteinbrüche von Mayen. Geländedenkmäler einer vor- und frühgeschichtlichen Großindustrie, in: Bonner Universitätsblätter, Bonn 1972

Sauerborn, Heinrich, Geschichte der Pfalzgräfin Genovefa und der Kapelle Frauenkirchen, Regensburg 1856

Schiller, Gertrud, Ikonographie der christlichen Kunst, Band 2, Die Passion Jesu Christi, Gütersloh 1968

Veit, Ludwig Andreas, Volksfrommes Brauchtum und Kirche im deutschen Mittelalter, Freiburg im Breisgau 1936

Veit, Andreas Ludwig, und Ludwig Lenhart, Kirche und Volksfrömmigkeit im Zeitalter des Barock, Freiburg im Breisgau 1956

Wagner, Georg, Barockzeitlicher Passionskult in Westfalen, Münster 1967

Wagner, Georg, Volksfromme Kreuzverehrung in Westfalen. Von den Anfängen bis zum Bruch der mittelalterlichen Glaubenseinheit, Münster 1960

Wörterbuch der deutschen Volkskunde, Stuttgart 1955

Wrede, Adam, Eifeler Volkskunde, Frankfurt/Main 1983 (Nachdruck von 1960)

Zender, Matthias, Gestalt und Wandel, Bonn 1977

Zender, Matthias, Spätmittelalterliche Frömmigkeit und Volksbrauch. Das Beten der sieben Fußfälle im Rheinland, in: Festschrift Josef Quint, Bonn 1964

Zender, Matthias, Totenglaube und Totenbrauch, in: Atlas der deutschen Volkskunde, Marburg 1983

Zimmermann, Walter, Zur Trierer Bildnerei der Gotik, in: Trierer Zeitschrift 13, 1938.

Zingsheim, Christa, Wegekreuze und Bildstöcke in Köln, Köln 1981

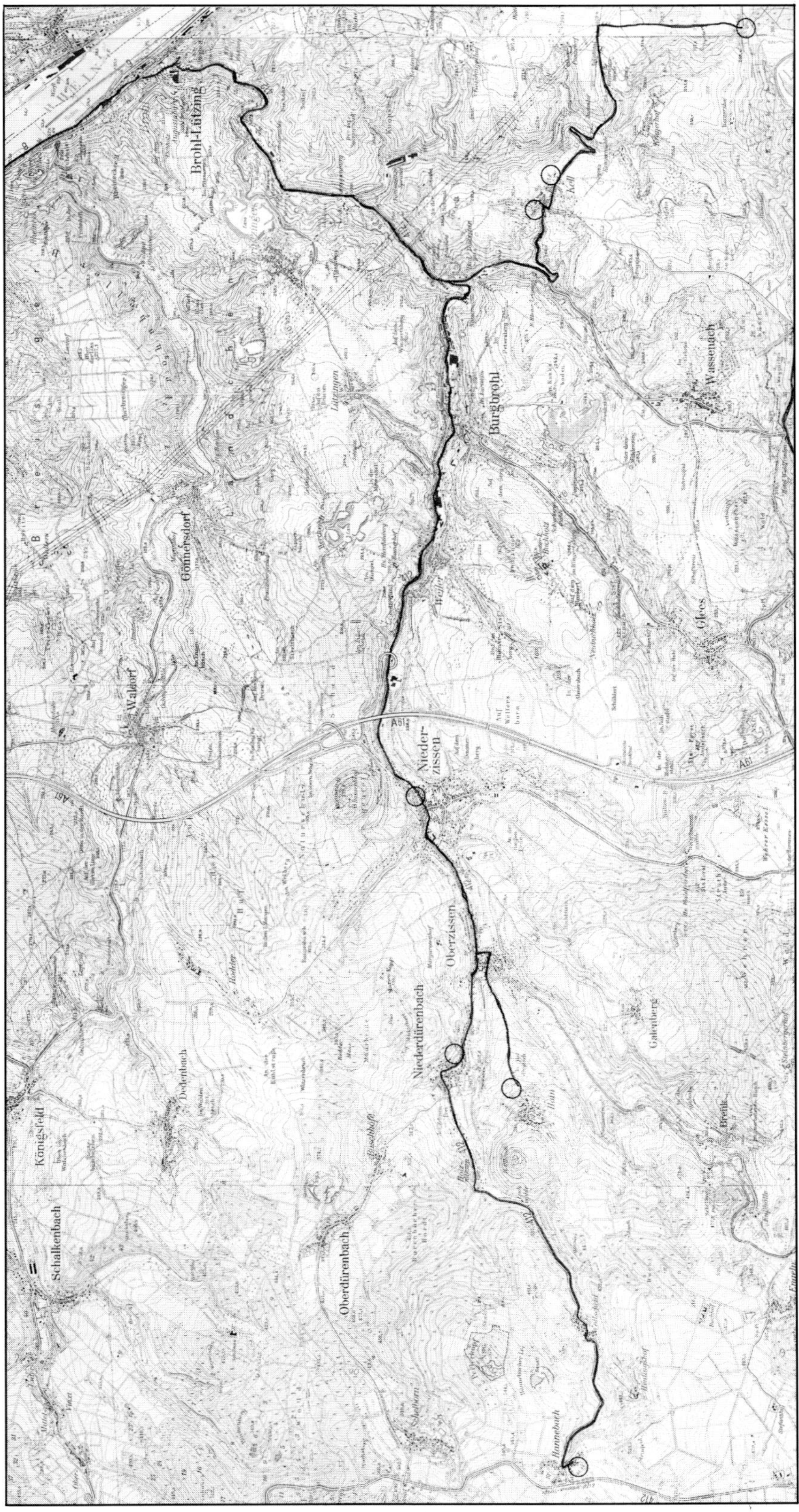

Karte zu »Kreuzfahrt« II

Bildnachweis

Fotos: Elke Lehmann-Brauns. – Außerdem wurden folgende Abbildungen freundlicherweise zur Verfügung gestellt: Seiten 9, 55, 91, 171, 181 von Firma Brigitte Blum, Niedermendig; Seite 75 von LM / H. J. Salem, Bell; Seiten 83, 93 oben, 99, 100, 101 oben vom Privatmuseum Michels, Niedermendig; Seiten 91 unten, 97 oben vom Stadtmuseum Andernach; Seite 97 unten vom Verkehrsamt der Stadt Andernach; Seite 113 von Hanna Schmitz-Fabri, Köln; Seite 117 vom Rheinischen Amt für Denkmalpflege, Abtei Brauweiler, Steinhoff; Seite 119 vom Rheinischen Landesmuseum, Bonn; Seite 140 von Ernst Müsch; Seiten 11, 141 vom Eifeler Landschaftsmuseum, Mayen. – Für die Abbildungen auf Seite 198 und auf den Vorsatzblättern wurden benutzt die Topographischen Karten 1 : 25 000 von Bassenheim, Burgbrohl, Kempenich, Mayen, Neuwied und Virneburg (Landesvermessungsamt Rheinland-Pfalz).

Neubuchholz
Glees
Wassenach
Wehr
Wehrer Kessel
Laacher See
Naturschutzgebiet
Maria Laach
Bell
MENDIG
Obermendig
A61
Hotel Waldfrieden
Elisabethbrunnen
Lungenkärchen
Niedermendiger Wald
Obermendiger Wald